文化吉林

吉林市卷

弘揚長白山文化
打響吉林特色地域文化品牌

王儒林

　　吉林有文化，而且吉林文化有底蘊、有潛力、有特色、有希望。從前郭縣王府屯距今約一百萬年的石製工具到距今十六萬年的樺甸仙人洞和距今三萬年的榆樹人，從燕趙文化東進到漢武帝設四郡，從扶餘、高句麗、渤海文明的興衰更替到遼金、清朝問鼎中原，從抗日烽火、解放硝煙到新中國老工業基地的紅色記憶，從二人轉、吉劇、長影到吉林期刊、吉林歌舞和吉林電視劇現象，勤勞智慧、淳樸善良、勇於開拓的吉林人民在白山松水間創造出絢麗多彩的地域文化，成為中國文化版圖上一道獨特風景。

　　文化與山素來結緣，正如泰山之於魯，嵩山之於豫，黃山之於皖，長白山是吉林的象徵、吉林的品牌。吉林文化始終與長白山難捨難分、血脈相連，集中體現於長白山文化之中。長白山文化發源和根植於吉林沃土，是包容吉林各民族文化、蘊含吉林發展歷史、反映吉林人性格特質、凸顯吉林氣派的「大文化」，是中華民族「多元一體」文化的重要組成部分，源遠流長、博大精深，構成了吉林文化的骨骼和脊梁。在地域文化越來越受到人們關注、文化軟實力越來越成為衡量一個地區核心競爭力的重要指標的當今時代，大力弘揚作為吉林文化標誌性符號的長白山文化，把這份寶貴的文化資源保護好、挖掘好、利用好、開發好，對於打響吉林特色地域文化品牌，鑄造極具時代內涵的吉林精神，提升吉林文化軟實力，凝聚吉林改革發展正能量，無疑具有十分重要的現實意義。

近年來，我省大力推進以優秀吉林地域文化為主要內容的長白山文化建設，出台了《長白山文化建設規劃綱要》，啟動實施了長白山文化建設工程，在長白山文化資源保護研究、挖掘整理、開發利用等方面做了大量工作，取得了顯著成績。我們要進一步加強長白山文化理論研究，豐富長白山文化內核和外延，進一步加強長白山文化遺產的發掘、保護和展示推介力度，擴大長白山文化的影響力，進一步加強對長白山文化內涵的拓展和提升，把長白山文化資源更好地轉化為文化產品、文化事業和文化產業，推動長白山文化建設躍上新台階，推動吉林文化大發展大繁榮，為實現富民強省目標、中華民族偉大復興、中國夢做出貢獻。深入挖掘、研究、整理長白山歷史文化，既是一項宏大浩繁的系統工程，又是一項功在當代、利在千秋的基礎工程。希望有更多有識、有志之士投身長白山文化建設事業，讓這份寶貴的文化資源更好地服務於當代，惠澤於未來。

　　由省委宣傳部組織編撰的《長白山文化書庫》系列叢書，是長白山文化建設工程的重要標誌性成果。叢書從基礎研究、地方特色、主要藝術門類三部分，對長白山文化的歷史資源進行了全面細緻的挖掘和整理，堪稱長白山文化研究與普及的鴻篇巨製，不僅對研究和宣傳長白山文化大有裨益，而且對培育吉林文化品牌、樹立吉林文化形象也將產生積極的促進作用。在叢書即將付梓之際，謹表祝賀並向全體工作人員致以問候。

主編寄語

莊嚴

　　長白奇迤蘊靈秀，松江悠長毓文傑。千百年來，雄渾壯美的白山松水賦予了肥沃豐饒的吉林大地以生機和活力，滋養了吉林人民勤勞睿智、堅韌進取、寬容開放的精神品格，積澱了多元融合、底蘊深厚、色彩斑斕的地域文化。這獨具魅力的吉林特色地域文化猶如一株馥鬱芳香的花朵，在中華民族文化百花園中爭妍綻放。

　　文化是經濟發展之根，是社會發展之源。省委、省政府高度重視文化建設，制定出臺了《長白山文化建設規劃綱要》，把吉林省歷史文化資源工程列入宣傳思想文化工作「六大工程」之一。省委宣傳部深入貫徹落實省委、省政府的要求，開展《長白山文化書庫》建設，啟動實施了《文化吉林》叢書編撰工作，將其作為全省宣傳思想文化工作的重要舉措，周密部署，精心組織，強力推進，取得了預期成果，為全省人民奉獻了一份珍貴的精神食糧。

　　《文化吉林》叢書是《長白山文化書庫》中全景展現特色地域文化的重要組成部分。年初以來，我省廣大宣傳文化工作者以對家鄉、對歷史、對文化事業的高度責任感和使命感，不畏繁難，勤勉執著，嚴謹認真，精益求精，在資料收集、遺產挖掘、書稿撰寫等方面付出了大量艱辛的努力，進行了許多開創性的探索和實踐，圓滿完成了這次編撰任務。叢書編撰秉承傳播和弘揚吉林文化的理念，梳理總結吉林文化資源，提煉昇華吉林文化精髓，激發增強吉林人的文化自覺、文化自信，使優秀文化更好地服務於吉林的發展振興。

《文化吉林》內涵豐富，圖文並茂，辭美情摯，引人入勝，是人們認識吉林、瞭解吉林、研究吉林的概覽長卷，是吉林文化走向全國，面向國際的真誠心聲。叢書真實勾勒了吉林文化歲月滄桑的歷史縱深，生動展現了吉林文化多姿多彩的時代律動，帶我們走進吉林地域文化演進的舞臺，親身感受風雲激盪的文化事件，出類拔萃的文化人物，領略淵深源遠的文化景觀，妙趣橫生的文化傳說，體驗琳瑯紛呈的文化產品，淳樸濃郁的文化民俗。叢書將吉林文化的發展脈絡、現狀和未來，客觀詳盡地展現給廣大讀者，是一部能夠讀得進去、傳播開來、傳承下去的佳作精品。

　　鑒往以勵志，展卷當奮發。《文化吉林》這套融史料性、知識性、可讀性於一體的叢書，為我們進一步保護、研究、開發吉林地域特色文化提供了重要史料資源。作為後繼者，當代吉林人有責任、有義務肩負起將吉林文化充分融入社會主義核心價值觀，推動吉林文化發展進步的歷史使命，讓優秀傳統文化在繼承中創新，在創新中前行，在全國文化發展大格局中唱響吉林「聲音」，打造吉林文化品牌，樹立文化吉林形象。

弘揚長白山文化 打響吉林特色地域文化品牌

主編寄語

目
錄

第五章 · 文化產品

第六章 · 文化風俗

第一章——

文化發展概述

河漢迢遙，悠悠億載，在浩瀚的星宇中，我們如此渺小，又稍縱即逝，然而在人類歷史的長河中，我們又不可或缺，生動鮮活地演繹、印證著生生不息的頑強。

有幸，成為這裡的子民；有幸，沿風雲流轉的史蹟巡行。過往的一幕被漸次掀開，或波瀾壯闊，或低回婉轉，有精彩，也不乏跌宕，更有平實細膩，共同繪出北國江城的畫卷。

▲ 吉林市行政區劃圖

吉林市是全國唯一省市同名的城市。全市面積二點七萬平方公里，總人口四五〇萬，其中市區人口二百萬，轄四區五縣（市）、兩個國家級和十五個省級開發區。

吉林市歷史悠久，人文薈萃。她是滿族的發祥地之一。吉林市滿語稱「吉林烏拉」，意為沿江之城。一六八二年，清聖祖康熙東行巡幸吉林烏拉，留下了著名的詩篇《松花江放船歌》，其中有「乘流直下蛟龍驚，連檣接艦屯江城」的詩句，因此吉林市又得名「江城」。

大野粟末，滄海如煙。作為國務院第三批命名的中國歷史文化名城，早在三千多年前的青銅時代，吉林市就有人類居住。這裡的先民不僅是東北大地最早的開發者和文明的創造者，還以其生生不息成為中華民族最鮮活的血脈，在華夏歷史上奏響過許多動人的樂章。

西元前二〇八年，漢魏時期東北第一個文明古國——扶餘國的前王城就建在吉林市的龍潭山下。扶餘國開啟了東北文明的第一縷曙光，也讓龍潭山成為松花江流域文明的地理標誌。從那時到現在，吉林市已經擁有兩千多年的建城史。

唐宋兩代，吉林市是「海東盛國」渤海國的發祥地之一。渤海國多次向唐朝派遣留學生，使中原文化在白山黑水間落地生根，從而完成了一個部族圖強的文化苦旅；這裡還是遼、金崛起的戰略後方，契丹和女真大典先後記載了這片土地所承載的無上榮光。如今，穿越歷史的斷壁殘垣，依然能夠看到一個個部族、一個個王朝從這裡走過的背影。

元明清三朝，吉林市更是在中華文明的嬗變中扮演著不可或缺的角色。「一代天驕」成吉思汗建立元朝後，在龍潭山下打通了東顧中俄邊界的驛路，為邊塞文化的發展注入了勃勃生機；明朝遼東都指揮使劉清曾三度在此設廠造船，矗立在松花江畔的阿什哈達摩崖碑見證了這段鎮守疆土的歷史，因而吉林市古時又稱「船廠」；清高祖乾隆來吉慎終追遠，深情地吟詠「滾滾遙源出不咸，大東王氣起龍潛」，並題寫匾額「福佑大東」。光緒帝雖未到過吉林，但

其御筆「挹婁澤洽」至今仍高懸在龍潭山上。在這片龍興鳳舉之地，木幫文化、採參文化、淘金文化編織了一幅粗獷的民俗畫卷；鷹獵文化、漁獵文化、朝貢文化搭建了一座豪放的風情畫廊。

在近現代的北國江城，吉林機器局是東北近代工業的發端之作，吉林文廟是中國四大孔廟之一。吉林巨商牛子厚創辦的我國最早的京劇科班「喜（富）連成」，培養了梅蘭芳、周信芳、馬連良等一大批京劇大師，使吉林市成為國粹的中興之地，享有「中國京劇第二故鄉」的美譽。

花開花落，歲月更迭。深厚的文化底蘊讓吉林市魅力四射，今天的吉林人更是在時代的舞台上大放異彩。

吉林市歌舞團是一艘聞名中外的藝術旗艦，從一九九八年開始，已經連續十七年登上央視春晚的舞台，曾參加歌舞劇《圖蘭朵》、大型音樂舞蹈史詩《復興之路》以及北京奧運會開、閉幕式等大型活動的演出，並出訪俄羅斯、法國等多個國家和香港地區，像一張流動的城市名片，把多彩的吉林文化帶到世界各地。

近年來，吉林市生產的電視劇囊括了所有國家級大獎。多部電視劇打上了

「吉林市製造」的標識，隨著《插樹嶺》《都市外鄉人》等一部部精彩劇目在央視主頻道的熱播，吉林市的城市形象在世人驚羨的目光下，做了一次又一次的精彩亮相！《演講與口才》《做人與處世》等期刊具有廣泛的影響力，擁有眾多的讀者群，是「吉刊現象」最重要的一支生力軍。

書法是中國的國粹，也是這座城市獨特的文化氣韻。二〇一二年五月，吉林市被授予「中國書法城」的稱號。墨色線條不僅承載了詩書禮儀的萬般精神，也為吉林市的山水廊廟增添了沉厚味道。

悠久的歷史、燦爛的文化，為各項群眾文化活動的開展提供了豐厚的土壤。每年的「五一勞動節」到「十一國慶節」，松花江沿岸儼然成了一道文化風景線。在沿江五十一個文化活動點，江城市民吹拉彈唱自娛自樂；在市政府前廣場，每週五晚舉辦「松花江之夜」週末休閒舞會，每週六晚舉辦「愛祖國、愛家鄉老歌新曲大家唱」群眾廣場演唱活動，每晚都有成千上萬的市民參與其中。因此，市政府前廣場被文化部授予全國「特色文化廣場」；「松花江之夏」「松花江金秋」廣場文化活動周榮獲文化部「群星獎」服務獎，被授予「全國特色廣場文化活動」稱號。

群眾文化紅紅火火，文化場所遍地開花。截至目前，全地區共有博物館十三個（市區七個，外縣六個）、公共圖書館十個（市區五個，外縣五個）、藝術（文化）館十一個（市區六個，外縣五個）、鄉鎮綜合文化站七十六個（市區十九個，外縣五十七個）、社區文化活動中心六十六個、社區文化活動室二七二個、村文化室一三五八個，基本形成了覆蓋市、縣（市）、鄉（鎮）、村的四級公共文化設施服務網絡，這些公共場館全年面向群眾免費開放，全地區全年舉辦活動兩千餘場，較好地滿足了不同群眾不同層次的文化需求。

在文化事業蓬勃發展的同時，文化產業規模也不斷擴大。吉林市充分利用「一江秀水、兩大奇觀、三湖美景、四座神山」等得天獨厚的旅遊資源，堅持大文化、大旅遊、大項目、大產業的發展思路，著力推動文化與旅遊的深度融合，注重把文化元素注入自然景觀之中，使自然之美與文化之魂相映生輝。

為促使文化產業效益指數持續攀升，品牌影響力日趨增強，吉林市在持續發展影視製作、出版發行、工藝美術等傳統優勢產業的基礎上，加快發展文化創意、動漫生產等新興產業，重點培育歌舞演藝、松花湖浪木、高新技術印刷等大型文化企業集團，規劃建設永吉縣地方戲、磐石市書法美術創作、樺甸市農民畫創作和影視拍攝等產業基地，使文化產業成為吉林市新的經濟增長極。二〇一二年和二〇一三年，吉林市連續兩年將文化旅遊產業發展「攻堅戰」納入全市「十項攻堅戰」之中，引導和促進資源優勢向產業優勢轉化。

城市發展，文化鑄魂。吉林市是中國優秀旅遊城市、中國魅力城市、中國十大最美麗城市、中國十大特色休閒城市，是「傾國傾城：最值得向世界介紹的中國名城」，是一座幸福指數極高的城市，被譽為「龍興福地、隕石之鄉、霧凇名都、京劇故里、魅力江城」。

在群城競逐的大潮中，今天的吉林市正以宜居、宜遊、宜業的城市特質，豪爽、包容、通達的城市品格，深邃、多元、神祕的城市文化，聚古今之福運，迎八方之賓客，揚四海之美名。

第二章 ——

文化事件

歷史是又一維度的空間存在，存儲著無限風景。雖然隔著悠遠的歲月簾幕，望過去卻依然風情動人。

江流石轉，一脈千年。古城吉林的歷史是一幅絢麗的畫卷，多姿多彩，風情萬端。一樁樁文化事件，如同揭秘歷史檔案一般，在真實的敘寫中一一鋪展……

西團山文化的命名

　　吉林市山形水勝，天開勝境，一江天水如練，四面蒼山如屏。舊時老吉林八景之一「團山雙峙」，稱道在龍潭、朱雀、玄武、小白山諸勝之外，奇的是在城市的東南與西北兩側又有兩山插翼飛臨，雄峙松花江邊。兩座山皆團團，有韶秀之姿，蔚然而成一大佳景。而在當代，兩座山都有重大考古發現。

　　一九四七年，固守吉林市的國民黨軍制定「武裝保衛大吉林」的防禦計劃，在素有城市西南門戶之稱的西團山廣築堡壘，挖掘塹壕，山形盡毀，致使山中數十處石棺墓殘破不堪。戰事過後，一處佳景，竟成荒草萋萋的牧牛之野。

　　一九四八年三月九日，吉林市解放。這年秋天，在戰爭的劫灰之後，東北大學在西團山進行了首次考古發掘，隨後又在次年夏季再次發掘。兩次共發掘石棺墓二十七處，出土石器、陶器四百餘件。楊公驥教授等深感此次出土發現意義重大，遂緊急致函著名考古學家裴文中。一信郵傳，大師互覽，於是在中國科學院院長郭沫若倡議下，組成以裴文中為團長的東北考古發掘團，在一九五〇年九月專赴西團山考古。

▲ 西團山遺址

這應該是中華人民共和國成立之後進行的第一次搶救性重大的考古發掘。考古團中，都為中國一代考古大師。除裴文中外，還有考古學家、古生物學家賈蘭坡教授、對東北歷史素有研究的考古學家李文信教授……出土發現成果驚人，計發掘墓葬十九處，共得石、陶器一三八件，有石斧、石刀、石鏟、石鏃、陶壺、陶罐、陶碗、陶缽以及野豬牙飾物。專家們認定，其相對年代約在春秋戰國之際，是兩千多年前東北南界輝發河、東界張廣才嶺、西界東遼河這一廣大區域內文化類型的代表，屬於東北地區腹心區域的青銅時代文化，因此將其命名為「西團山文化」。

隨後，李文信在考古論文《吉林市附近之史蹟及遺物》中，更對西團山文化的流向作了研析：「今日吉市，當時（史前時期）或為之河道，或一池沼澤耳。以出土物表現之時代推測遼、金，後始向今日市中心發展，下經元、明、清，始形成今日幽靜都市大吉林之偉容。」

近期，又有專家研究發現，生活於西團山的古居民屬於穢人，而松花江最早的名字「濊水」，當即源於此。穢人生息之地，是有濊水。其時，人們的生產有漁獵，也兼有農耕。一座城市歷史文明的長河，在這裡種下了自己的文化因子。

西團山遺址

西團山遺址位於吉林市歡喜鄉吉興村，包括生活居址和墓地兩部分，面積四萬餘平方米。山的西南坡散布較多的石、陶遺物，為墓葬區。墓葬區南北長約 100 米，東西寬約 40 米，總面積約 4000 平方米；相鄰的西崗是居住區。西團山石棺墓所用石材多是花崗岩，在砌築方法上有板石立砌和塊石壘砌。墓的排列方向是因山就勢，絕大多數頭朝山頂，腳向山麓。作為西團山文化最具代表性的墓地之一，石棺墓在東北地區青銅文化研究中占據重要位置。同時，它對研究中國東北地區的古代民族關係也提供了非常重要的素材。

二〇〇一年，西團山遺址被國務院批准為國家級重點文物保護單位。

考古發現扶餘國

二十世紀末年，考古學家和東北史學者，經過多年不懈的求索和考證，終於破解了一個謎題，隨之也爆出一個重大考古發現：吉林市東團山下的南城子古城，即是西元前一〇八年便已立國的扶餘國國都。

歷史彷彿是一件被時光打碎的玉琉璃，光影亮麗，一時卻無從收拾。如今，在歷史學家的拼接之下，東團山下兩千年前輝煌的歷史，得以在我們眼前一幕幕精彩演繹。

扶餘國第一代國主東明創國的故事，頗類上古傳說。說是北之北的東北極北之地有一橐離國，國主身邊的一位侍婢忽然感氣而孕，生得一子，即是東明。國主卻總是以為不祥，棄之豬圈，豬以身護之；棄之馬棚，馬以身護之。國主大奇，於是抱回哺育。成人後，國主仍蓄意殺之，於是東明逃到東團山下的穢人之地，以其勇毅多識獲得穢人擁戴，被推舉為扶餘國主。

東團山獨枕江流，秀出江表，襟山帶水，風物絕佳，地產豐饒。史傳記載：扶餘國物產繁盛，「其國殷富」。出名馬、出貂裘、出赤玉，又有大珠大如酸棗。而扶餘人釀酒技藝高超，色味俱佳，所產澄明酒，曾輸貢漢家皇室。其酒「色紫如膏，飲之令人骨香」。千載之後懷想，那是否就是今天的吉林特產葡萄美酒呢？

扶餘國的官職也頗為有趣，史稱「以六畜為名」。按照官職差別，分稱馬加、牛加、豬加、狗加……由此可以想見，扶餘國的畜牧業已經相當發展。

扶餘存國六百餘年，幾與兩漢、魏晉、南北朝相始終。在漫長的時光之河中，扶餘國與中原王朝在政治、經濟、文化諸方面建立了良好的往來關係。漢武帝時，置真番、臨屯、樂浪、玄菟等北方四郡，扶餘即藩屬玄菟郡所管轄。史傳記載，東漢光武帝建武二十五年（49 年），扶餘王遣使奉貢，劉秀「厚答報之」，並「使命歲通」，年年有使者前來。漢安帝永寧元年（120 年），扶餘

王子尉仇台親到洛陽朝貢，安帝大喜，賜其「印綬金彩」。次年，高句麗侵犯玄菟郡，尉仇台率兵兩萬餘人出援，助東漢擊敗了高句麗的入侵。漢順帝永和元年（136年），扶餘王欣羨漢家天子威儀，親到洛陽朝見順帝。順帝也十分感動，臨別時特意在宮中「作黃門鼓吹角抵之戲」以歡送。

在中原文化的薰習之下，扶餘國人在衣飾、禮儀等方面也多採用中原風俗。扶餘王朱蒙之子類利有懷人之詩「翩翩黃鳥，雌雄相依。念我之獨，誰其與歸？」婉轉詠歎，有《詩經》雅韻古風。千年後詠詩懷人，管窺蠡測，可見扶餘受中原文化濡染之深，王子文學造詣之精。

按照漢代宮廷的葬儀規制，皇帝、諸侯、藩國王及大貴人、公主，死後可分別享用玉衣葬服，而玉衣又稱「玉匣」，有金縷、銀縷、銅縷之別。金縷以金線串連玉片而成衣，銀縷、銅縷則分別以銀線、銅線串結而成。《後漢書·禮儀志》載：皇帝死後穿「金縷玉匣如故事」，「諸侯王、列侯……皆令贈玉匣銀縷」。

與東團山遙對的帽兒山下，遺留有八千餘座扶餘古墓。近年，發掘了部分墓葬，竟全無一絲銀縷玉衣的消息。而大部分墓葬又是只有棺槨，卻不見屍身。屍身又到哪裡去了？以扶餘存國六百餘年推算，總應傳續二三十代王，其中又至少應有十多位王得賜銀縷玉衣，為何至今不見消息？是掩藏太深，還是扶餘王別有葬處？人們期待著在這裡會有新的重大考古發現。

毫無疑問，扶餘是東北歷史上重要的一章。在東北這片土地上，扶餘是最早的奴隸制邦國，也最早開闢了與中原王朝的文化之旅。一座城市的歷史，在那時便已在這裡做了厚重的奠基。

帽兒山古墓群遺址

帽兒山位於吉林市城東南三點五公里豐滿區江南鄉裕民村，因形似草帽而得名。以帽兒山為中心，北起龍潭山南麓，南至南山南坡，東達南山、帽兒山、偏臉山的東坡，西止松花江邊，總面積約為十五平方公里，

大約有古墓二〇〇〇座。在目前發掘的墓葬中,有土坑墓、土坑木棺墓、土坑木槨墓、土坑積石墓、土坑火葬墓和土坑石壙墓等多種類型。出土隨葬文物包括大量陶器、青銅器、鐵器、金銀器、玉石器、漆器、木器和絹帛、絲織物殘片。除墓葬外,在嘎呀河畔還發現了居住遺址,可分為南城子和鹿場兩大片。根據出土文物與史書互相印證,經過考古學家認真分析研究,確認帽兒山古墓群主要是漢魏時期中國少數民族政權扶餘貴族與平民的墓地,也有少量漢代漢族人的墓地。

據考證,西漢初年,穢貊族內的貊族部落橐離國王子東明,因不甘受排擠率眾由嫩江下游南遷至松花江畔的「鹿山」(即今吉林市龍潭山),因悅此地頗具形勝,遂落腳安身,並與土著穢人(即西團山人)結成新的民族共同體——扶餘族,於漢武帝元封三年(前108年)在「南城子」(東團山南麓的平地城)建都,國號「扶餘」,國都稱為「穢城」。這是我國東北第一個奴隸制國家,時間長達六百餘年。扶餘與漢、魏、晉王朝有過長期的友好朝貢往來,並確立了臣屬關係。

帽兒山古墓群的發現,對於確認扶餘王國(西漢初至494年)的前期都城所在地就在今吉林市提供了有力的佐證。

一九九六年,帽兒山古墓群被國務院批准為國家級重點文物保護單位。

▲ 帽兒山古墓群遺址

順治詔設打牲烏拉總管衙門

「一把穀，香滿坡；一把米，香滿鍋；一碗飯，香滿桌。」這是久已傳唱於烏拉古城的一首老民謠，說的是吉林市烏拉街的白小米至香無比。而這種白小米在清代屬於貢品，專由打牲烏拉總管衙門呈貢皇室。

順治十四年（1657 年），一騎飛使從京師來到吉林市，詔令在烏拉地方設立打牲總管衙門，授烏拉地面的「嘎善達」（村長）邁圖為總管。打牲烏拉總管衙門為朝廷內務府分司，「不受他處節制」。

打牲烏拉，滿語為布特哈烏拉，漢語的意思是江河漁獵之地。

打牲衙門之職，專為宮廷皇家採捕貢送各類方物特產。這些貢品，以品類分：東珠、人參、鰉魚、鱸魚、雜色魚、山韭菜、稗子米、鈴鐺米、生熟魚條、燕窩、百合、山藥、魚筍、松子、松塔、白蜜、蜜尖、蜜脾、生蜜等百種以上；以用途分：一為皇室享用，一做壇廟、陵寢、四時祭祀，一以賞賜臣工。而無論何用，既入貢品，定要品佳質優。珠必是大珠，鰉魚必是超大超重，鈴鐺米必是飽滿勻稱，山蔥山韭菜必是整齊光鮮。松子是祭奠皇家奉先九祖佛堂之供品，又是帝后早晚御膳專備食品，必須新鮮粒大。

打牲烏拉總管衙門設總管一名，初為六品，後升為三品。總管之下，有翼領、驍騎校、佐領、委官、領催、珠軒達、倉官、筆貼式、鋪副、學官、工匠、鐵匠、牲丁，另有二十二處採貢山場和四十六條採珠江河。清代在內務府專設打牲烏拉總管衙門，於帝鄉裁劃大片區域，以專門機構採捕方物特產供皇家專用專享，是歷代所無的獨有之舉。山為「貢山」，水為「貢河」，一切山中之寶、水中之珍，都為皇室專有。

打牲烏拉總管衙門採捕的貢品，每年必須按照定例足額完貢。其轄地沿松花江周圍五百里範圍內，皆為打牲衙門採捕之區。域內實行劃界圈封，嚴禁打獵居住，嚴禁毀壞森林，有兵丁巡視把守。有些大宗貢品，如東珠一類，要到

界外採捕，需向吉林、黑龍江兩處將軍衙門驗證登記。一個王朝特有的採貢制度，為其典章的繁縟和皇家的貪婪苛索作了詮釋。

康熙五十一年（1712 年）冬天，一個朝鮮使團前往京城貿易，隨團使者金昌業將沿途見聞逐日記載，日後匯為《老稼齋燕行日記》一書。一路顛簸，走過盛京（瀋陽）城時，恰好臘月初八，東北最冷的日子，金昌業看見：「盛京以後，路中車馬益多，而向西去（進京）者尤多。獐、鹿、豕及木物所載之車，皆自寧古塔、烏拉地方來，趁歲時入京者。又一胡（滿人）背負黃袱，騎而在前，三十人隨去

▲ 清代打牲烏拉總管衙門　▲ 烏拉官倉
　採捕區域圖

而皆騎馬，其中亦有帶弓箭者。其後有大車十一輛，重載而去。每車插一小黃旗，書『上用』二字。問之，乃烏拉地方進貢之物，所載皆是珠、貂、蜜、海松子雲。」

金昌業所記，雖不詳細，但還是讓我們比較清晰地看到了驛路上呈送貢品的繁忙一幕。那些攜帶弓箭者，無疑是護送貢品的軍兵。隨車的丁役，想來也不會少。二百多年裡，東北的驛路上，在雨雪煙塵裡奔跑最頻繁的，可能就是這些運送貢品的驛車了。

康熙年間，打牲衙門內有打牲丁四百餘人。乾隆時增至三千九百餘人，之後一直維持此數。

今天，歷史在這片山河間打下的戳記依然清晰：珠山、珠河、官地、鰉魚圈、珠子營……多少歷史的酵母，都在此醞釀發酵。這裡，是一種歷史坐標性的豐富蘊藏。從中，我們得以一窺一個王朝最終走向封閉的潛在原因，一見中國歷史獨有的打牲朝貢之制，一識愛新覺羅家族規制繁複的牲禮之獻，一覽牲丁們在漫長歲月裡累積的漁獵打牲文化是多麼精彩。厚重的歷史，在這裡演化為獨特的風俗風情。

打牲烏拉總管衙門

清代打牲烏拉總管衙門原址，坐落在現在的烏拉街鎮東側。該衙府原依照副都統衙門格局修建，其大門三間，儀門一座，川堂三間，大堂五間；又有銀庫、松子庫、乾魚庫、細鱗魚庫；另設採珠左右翼、八旗辦事房、東西兩翼領辦事房，總計三十餘間。原址現已不存。

乾隆諭旨定名「吉林」

　　地名裡潛藏著歷史，也蘊含著文化。

　　康熙十五年（1676 年），寧古塔將軍衙門正式移駐吉林船廠，詔令將船廠改稱為「吉林烏拉」。

　　乾隆十五年（1750 年），諭旨將已經移駐吉林的寧古塔將軍衙門及所屬機構的關防印信一律改鑄為「船廠」。

　　七年之後，乾隆又一次發布諭旨，將寧古塔將軍易名「鎮守吉林等處地方將軍」，印信內「船廠」之名改為滿文「吉林」，朝廷禮部負責重新鑄發印信。

　　由此可知，在這之前，吉林的地名並未統一。皇帝的諭旨，往來的公文，衙門的印信等，一直是將吉林以「船廠」作名，而天下四方的稱呼，則是「船

▲ 老吉林城原貌

廠」與「吉林烏拉」並行。至乾隆二十二年（1757年），「船廠」才成為吉林的一個別名，留存於城市的歷史記憶。以後的歲月，「吉林」成為統一的一地之名。

雖然皇帝的諭旨詔命了地名，但在漫長的時間裡，「吉林」兩字的寫法卻多有歧義，有寫作幾林、雞林、稽林的，又有寫作幾內、雞陵、雞臨的……「烏拉」兩字也是如此，有寫作兀拉的，也有寫作烏喇的……隨康熙東巡吉林的高士奇，在其後編撰的《扈從東巡日錄》一書中，多處將吉林烏拉寫為「烏喇雞陵」；楊賓在《柳邊紀略》中，亦將吉林寫作「雞林」；道光時的工部郎中馬瑞辰因公獲罪，被遣戍盛京，將軍富俊奏賞其為主事，馬氏感而賦詩：「挹婁陳跡久難尋，安樂今傳治世音。都會盡沿新鴨水，醇風直溯古雞林。」詩中也將吉林寫為「雞林」。對此，康熙已早有辨析考證，《吉林外紀》記載：「康熙二十四五年（1685年-1686年）間，諭旨內謂幾林烏喇，舊志又謂吉臨

KIRIN CITY · KIRIN
景全街市林吉 鄰明水紫山（林吉）

▲ 吉林市城區新景 孫寶華 攝

烏喇。曰幾與吉，臨與林，漢字音同也。今通稱吉林，從漢語之訛，省文也，然與國語（滿語）不相屬焉。」又說，「記內烏喇，即吉林烏拉也。」

　　曾經有人推衍：舊時，吉林四周多山，「窩集」（滿語森林）叢連，野雞成群，「雞林」應是「窩集林子」「野雞林子」的省稱。這也已為研究者糾誤。浙江人沈兆禔在宣統二年「浮江渡海，走幽燕，入遼瀋」，來到吉林，供職於兵備處。公餘之暇，搜討吉林風土人情，撰成《吉林紀事詩》。其在自序中寫道：「國語（滿語）烏拉吉林，四字連文，烏拉謂江，吉林謂沿，其僅曰吉林者，從漢文而省也。其別作雞林者，以聲音略同也。」

　　光緒三十四年（1908 年），大清的江山已是夕陽殘照，這時東北已改設行

省。朝廷禮部在這年二月以「光字第 142 號」公文鑄發「吉林省印」的印信，
是為歷史上第一方鑴有「吉林省」字樣的省印。由此，吉林也就從原來的一城
之名最終成為一省之名。

安珠瑚始造木頭城

早在康熙十年（1671 年），作為寧古塔副都統的安珠瑚，就開始了建造吉林城的準備工作。

康熙欽命在吉林建城，無疑是其經略東北的一步先手之棋。這裡，有北方最大的船廠可做依託，以水運之便，足可遠控三江；而地當長白餘脈，又饒有山巒之利。且山川形勝，虎踞龍盤，前望朱雀迴翔，後擁玄武如屏，左挽青龍以為靈，右牽白虎而奮威，中有松花江天水如練，天江鎖鑰，誠為天造地設建城之美地。

安珠瑚親率三千八旗兵丁進山伐木，篷帳設在山間，炊飲也在山間。山上是斧斤叮叮，江中是號子聲聲。山中伐下的巨木，就在江畔編結成排，然後順流而下，直至城邊。康熙十二年（1673 年），造城工程正式開始。不到一年，工程告竣。城南以松花江為天然屏障，只在東、西、北三面立大木為牆。牆高八尺，東西各長二五〇步，北長二八九步。三面各開一城門，牆外挖有護城壕。壕深一丈，壕外又有土牆。

今天想來，那二五〇步的城郭，實在太過狹窄，形制規模也實在太小，能盛得下多少人？能容得下多少房舍？但它真真切切就是北方這座城市的雛形。以後幾經擴建，由木城而土城再到磚城，一步步擴展擴張擴大，蔚然而成東北的一座大城。

康熙十五年（1676 年），寧古塔將軍衙署正式遷移吉林城。從此，這裡成為軍事、政治中心。轄地東至日本海，東南至黑龍江口外庫頁島和蓋塔爾群島，包括烏第河以南、黑龍江下游、烏蘇里江兩岸的全部地區以及庫頁島在內的其他島嶼。將軍衙門設有戶、工、兵、刑四司。有承辦處、檔房堂、糧餉處、軍器庫、銀庫、刑獄房等，分掌印鑑、檔案、糧餉、司法訴訟等事。寧古塔將軍與吉林副都統同城駐防，此為吉林設治之始。

「內城柵以木層層，外郭築以土登登。」世界上的城池，有土壘的、磚砌的、石築的，以木為城，卻是極為罕見，堪稱人類城市建築史上的一個奇蹟。只是這遙遠的一道歷史風景，隔著幾個世紀的門檻，我們今天已無緣見到了。

▲ 松花江木堤

木城之中，一切所用，也都取之於森林。街路和陽溝全部用大木板鋪蓋，居家院牆以木板作為柵欄。水桶、酒缸一類生活生產用具，都用良材美木雕鑿而成。此外，又有以柳條編結的柳條箱，削木而成的木碗、木勺、燈架，餵豬餵雞的木槽，牆根處豎立的空心獨木煙筒，大江之上往來急行的獨木舟……

這樣一種獨特的建城方式，想來也可算作關東大地獨有的城市風情吧？只是那最初的設計者是誰？造城的工匠來自何方？木城的建造工藝又是怎樣的？這些，我們都不得而知了。

遙遠的一道風景，遙遠的一種風情，就只能任由我們在想像中描摹了。

▲ 木頭城內木宅人家

柳條邊封禁下的山河

　　康熙九年（1670年），寧古塔將軍奉命修築柳條邊牆，從遼寧開原縣威遠堡起，經吉林四平、伊通，至今舒蘭市法特鎮松花江邊亮子山，歷時九年方才完工，當時似乎也算得上一個大工程了。這一條邊牆，史稱「新邊」。此前，又有「老邊」之設。老邊南起鳳凰城至開原威遠堡，然後西折至山海關，長九七五里，走勢大體依明代邊牆路線。各邊門又仿城門之制，築堡安門，每門設五品防禦章京一員，兵二十員，專司邊門啟閉，稽查行人出入。而邊門與邊門之間，又設邊台卡倫（哨所），有台丁往來巡查。台丁多是敗亡後的「三藩」舊將及軍兵。

　　柳條邊之設，從此使東北有了「邊裡」「邊外」之分。

　　新邊設有四處邊門，分別是舒蘭法特荒山嘴子的巴彥鄂佛羅邊門、長春西南的伊通邊門、懷德的赫爾蘇邊門、四平東南的布爾圖庫邊門。在地圖上就可清晰地看出以柳作界區劃的「邊裡」之地，山川廣袤，物產豐盈；山中奇產，水中珍藏，千種百種的方物特產，令人呼為「關東寶地」。而長白山披覆雪冠，高矗眾山之巔，開啟松花、圖們、鴨綠三江之源，更被愛新覺羅家族視作「肇跡」之地。《滿洲源流考》所記滿族先人的足跡，正是一路從那裡走來。

　　康熙二十一年（1682年）康熙東巡，其時柳條邊壅土新封，嫩柳初栽。天光雲影，映著翠柳含煙，融著草香花香，別是一番風景。月光夜色之下，卻又另有意境，樹影朦朧，月影渺渺，光影激灩之間，看天河橫斜，聽地籟天音，叫人一時湧動詩情。康熙遂賦詩《柳條邊望月》：「雨過高天霽晚虹，關山迢遞月明中。清風寂寂吹楊柳，搖曳寒光度遠空。」依依翠柳，融融月色，別有一番風情。

　　乾隆東巡，也曾賦詩《柳條邊》：「西接長城東屬海，柳條結邊畫內外。不關扼塞守藩籬，更非春築勞民憊。取之不盡山木多，植植因以限人過。盛京

吉林各分界，蒙古執役嚴誰何？譬之文圍八十里，圍場豈止愈倍蓰！周防節制有古風，結繩示禁斯足矣。我來策馬巡邊東，高可踰越疏可通。麋鹿往來有時獲，其設還與不設同。」乾隆之詩，卻將設置柳條邊之意一一點破：一為以界蒙古，一為分吉奉之界，更為重要的是圈禁起數百倍如文王苑囿一般的山河作為虞獵之地，供八旗兵操練騎射，並將眾多山川封禁為「貢山」「貢河」，採捕東珠、人參、鰉魚、松子、蜂蜜……以為宮室之用。

設邊即是為了封禁，封禁是為了保護愛新覺羅家族「祖宗肇跡興王之所」，保持滿族的「國語騎射」之風不變。

今天，柳條邊已成為歷史的記憶。邊牆內外發生的驚心故事，很多已被歲月湮埋。令我們欣慰的是，柳條邊在封禁山河之時，客觀上也保護了自然資源。跌跟頭拾塊狗頭金，眨眼間挖棵大人參，恍然聽來，一切好似天方夜譚，可這不是胡編亂侃的民間瞎話，是黑土地曾經的信史，是真實的財富傳奇。如今，曾作為「貢山」「貢河」的松水白山，依然天眷地愛，富饒無邊。從中更催生了吉林廣袤博大的森林生態文化，在無邊的綠色中搖曳生姿……

康熙東巡詠江城

在東北的城市之林中，吉林市的歷史文脈別有不同。

如果做一道試題：翻檢吉林城的成長履歷，填寫城市的奠基者，相信很多人會毫不遲疑地寫上康熙的名字。

在城市的創生期，康熙幾乎做了全部奠基性的工作：

康熙十二年（1673 年），諭令寧古塔副都統安珠瑚建造吉林城。同年，按八旗制度將招撫的「新滿洲」四千七百餘人編為四十佐領，分駐吉林、寧古塔、琿春等地；

康熙十五年（1676 年），諭令寧古塔將軍移駐吉林城，「船廠」改稱滿語「吉林烏拉」。這一年，又遷徙直隸等省流人數千戶住居吉林城，修造戰船四十餘隻，「雙帆樓櫓，日習水戰，以備老羌」；

康熙十六年（1677 年），御前內大臣武默納等人奉旨從吉林城出發探查長白山，隨後尊長白山為神，每年春秋兩季在吉林望祭；

康熙二十年（1681 年），諭令開闢從京師皇華驛經盛京至吉林的大驛道，設驛站三十七個，為向吉林各驛站提供坐騎，又於伊通大孤山地方設立馬場……

康熙的目光，一直深情地矚望著吉林。康熙二十一年（1682 年）農曆二月十五日的清晨，康熙率規模宏大的東巡隊伍從京師出發。三月二十五日，東巡隊伍抵達吉林城外小白山。康熙率隨行官員直趨祭壇，面向長白山，行三跪九叩大禮，遙遙望祭長白聖山。

次日，吉林將軍巴海和副都統瓦爾虎達等向康熙奏報了吉林水師營的訓練及戰船修造情況。

三月二十七日，在綿綿春雨中，康熙率皇子和部分王公大臣及侍從乘船前往打牲烏拉。

在將軍府前開闊的松花江岸，康熙檢閱了吉林水師。大江之上，水師艦船如林，長帆高懸，大櫓橫江，旌旗飄揚。將士們身穿明亮的甲裝，荷槍執戟，站立甲板，士氣高昂。號令聲中，船隊應聲布陣……檢閱過後，在將士的歡呼聲中，康熙乘御舟順流駛向烏拉。江上春潮激盪，「風急浪湧，江流有聲」。康熙站立船頭，看一江天水浩浩，兩岸山色蒼蒼，斷岸頹崖，高樹入雲，更喜風濤迅發處，水師威武，堪稱勁旅，不禁油然而生詩情，賦得《松花江放船歌》：「松花江，江水清，夜來雨過春濤生。浪花疊錦繡轂明。彩帆畫鷁隨風輕，簫韶小奏中流鳴，蒼岩翠壁兩岸橫。浮雲耀日何晶晶，乘流直下蛟龍驚，連檣接艦屯江城。貔貅健甲皆銳精，旌旄映水翻朱纓，我來問俗非觀兵。松花江，江水清，浩浩瀚瀚衝波行，雲霞萬里開澄泓。」

瀏瀏亮亮，大氣磅礴。雄姿英發的豪邁氣象，經略江山的超絕氣概，都蘊藏其中了。因為這一首《松花江放船歌》，吉林城此後也就有了「江城」這一別名。

▲《康熙東巡圖》 陳華 作

這次東巡，康熙在吉林駐留十二天。返京之後，反擊沙俄侵略的部署一一展開：修建了吉林至黑龍江的驛路一三四○里，開闢驛站十九個，沿途設兵駐防，建造糧倉。康熙二十四年（1698年），黑龍江將軍薩布素率三千大軍，自璦琿出發，進取雅克薩，「三日之

▲ 歡喜嶺牌樓

程，一朝而至」。正當兵士們肉食匱乏之際，忽然有野鹿數萬頭從山中奔出，騎兵馳射，步兵梃擊，竟獲鹿五千有餘。隨後大戰告捷，俄軍頭目托爾布津乞降。其後，俄軍在我方撤走之後復占雅克薩。次年，薩布素領兵再取，又獲大勝，終在康熙二十八年（1689年）簽訂《中俄尼布楚條約》。史家評說，那以後大清朝才真正進入「盛世」階段。

一份激情，一份豪邁，和著慷慨激昂的「松花江放船歌」聲，永遠地留在了松花江上。

一段歷史，已經遠去，可是悉心諦聽，隱隱地還有回聲。江水江濤，不歇詠唱的，是歷史的一段豪情。

歡喜嶺

歡喜嶺位於吉林市船營區歡喜鄉。

康熙二十一年（1682年），清聖祖康熙巡視吉林城時，行至西嶺駐馬觀看，只見山巒疊翠，松花江水宛如銀河玉帶般從城南向東流去。翰林院侍讀學士高士奇在旁介紹道：「吉林古城，前有朱雀山，後有玄天嶺，東有龍潭山，西有小白山⋯⋯」康熙聽後龍顏大悅，順口做了一首打油詩：「前朱雀，後玄武，左青龍，右白虎。琵琶城，往北彎，銅幫鐵底松花灘。」說著，雙腳一踹鐙，策馬奔跑起來。從此以後，人們管此嶺叫歡喜嶺。打油詩變成了歌謠，在吉林城中流傳著。歌謠中的青龍、白虎、朱雀、玄武是指環抱吉林城的四座名山。

乾隆東巡有遺篇

清高宗弘曆是在乾隆十九年（1754 年）農曆七月五日正式踏上東巡吉林之旅的。

乾隆這次東巡吉林，一為遵循祖制，整飭戎兵，進行弓馬技藝的實戰訓練，鍛鍊滿洲貴族吃苦耐勞與勇猛尚武的騎射精神；一為懷柔屬國，密切中央政府和蒙古地方政權的關係。另外，也為了一償夙願，在吉林望祭祖先肇跡興王的長白聖山。

八月七日，夕陽銜山時分，乾隆一行由大綏河經歡喜嶺進入吉林城。次日黎明時分，即赴溫德亨山（小白山）舉行望祭長白山大典。祭禮告成，乾隆賦詩《望祭長白山作》以記之。這一幕，卻已是長白山望祭之典的絕響：到溫德亨山望祭殿拈香擊鼓拜祭長白山神的，從此再無帝王的足跡。以後的一百餘年裡，都是將軍衙門的官員例行致祭了。

這天下午，在和煦的秋陽之下，乾隆興致勃勃地在松花江上觀看了來自打牲烏拉總管衙門的採珠、捕魚牲丁的水上表演。場面壯觀而宏大，數千牲丁在江上列隊乘船，接受乾隆的檢閱。牲丁們先是表演了水上功夫，然後進行了捉蚌採珠和捕魚活動。乾隆看得興高採烈，也感到牲丁們勞動的艱辛，回到太和宮中，接連做得長歌《松花江捕魚》和《採珠行》。兩首長歌都寫得激情淋漓，逸興遄飛，江上捕魚採珠的緊張、熱烈、艱辛和興奮，栩栩然都載入歌賦。尤其是《松花江捕魚》，捕魚場景歷歷如在目前：「松花網魚亦可觀，潭清潦盡澄秋煙。虞人技癢欲效悃，我亦因之一放船。施罟濊濊旋近岸，清波可數鰷鱸鰱。就中鱘鰉稱最大，度以尋丈長鬐軒。波里頹如玉山倒，擲叉百中誠何難。鉤牽繩曳乃就陸，椎牛十五一當焉。舉網邪許集眾力，銀刀雪戟飛繽翻。計功受賜即命罷，方慮當秋江水寒。」

八月九日，乾隆和太后，以及諸皇子一行，分乘龍船、如意船、花船，沿

江順流而下，遊覽了城東的龍潭山。

秋日的龍潭山，飛金瀉紫，鋪紅疊翠，斑斕錦繡，恍如畫圖。這一年，吉林將軍付森帶頭捐納，倡修了山中的龍鳳寺，又修建了龍王廟。乾隆走進寺院，展墨揮毫，一揮而就「福佑大東」。大東者，祥氣氤氳、萬象山川、藏龍臥虎的大關東之謂也。福佑大東，是福佑黎民、福佑江山、福佑發祥之地的吉祥祝願。付森及隨從官員無不感佩稱頌。來到龍潭（今水牢），只見一潭碧水澄澈如琉璃翡翠。潭外不遠處，生一棵數百年的大樺樹，粗要合抱，樹幹標直，摩雲接天。乾隆即封此樹為「神樹」。此後，將軍衙門官員每年如期來龍潭山祭祀龍潭和神樹。

在最高峰南天門，乾隆騁目遠望：秋空如洗，秋野如畫；大地織錦，山原如繡；松花江天河如練，巧巧地做一個太極之形，佑護著吉林城。江山有情若此，怎不令人感慨？又想起先祖艱難創業，百戰山河，彷彿積蘊幾百年的豪氣一時衝口而出，即時賦得《七律·松花江》：「滾滾遙源出不咸，大東王氣起龍潛。劈空解使山原折，接上那辭霧雨添。兩岸參差青嶂印，一川縈繆碧波恬。地中呈象原簦鼓，石辨支機孰是嚴。」

▲ 白山鹿苑

乾隆東巡吉林，雖然停留時間很短，卻留下數十首詩篇。大多充滿清新活潑之氣，也有一批風物之詠，如《吉林風土雜詠》十二首，寫「艋舺」（獨木小船），寫「法喇」（爬犁），寫「呼蘭」（木柱煙筒）……都讓人感到關東風土的淳樸與溫馨，令人遙想那已逝的風情。

▲ 小白山望祭殿舊照

一次煌煌大典，一次詩情之旅，歷史在那一刻，讓這一處山河和這一方風土，格外又增添了幾分明亮。

小白山望祭殿

小白山舊稱白虎山，是吉林市四大名山之一，是長白山的餘脈，只有一條蜿蜒起伏的山岡和三座山峰，最高峰海拔三一三米，位於吉林市西南，距松花江一點六公里。因山形酷似長白山，故名小白山。小白山滿語稱「溫德赫恩山」，又名「溫德亨山」，溫德亨為祭祀板的意思。

雍正十一年（1733 年）在小白山上修建望祭殿正殿五楹，山麓建供主祭官駐蹕的祭器樓二楹，山下建飼養供祭祀牲品的鹿囿一處。望祭殿設「長白山之神位」，每年春秋兩季由地方官員代皇帝在此祭祀長白山。

當時的小白山古樹繁茂，芳草鋪地，山花爛漫，百鳥聲喧，風景十分幽美。「白山鹿囿」也成為吉林舊時八景之一。該殿及其附屬建築——祭器庫、牌樓和鹿囿，經內戰和「文化大革命」兩次破壞，地面建築已蕩然無存，如今只有望祭殿的地基和地基上的殘磚斷瓦還依稀可見。

諭旨修建吉林文廟

雍正二年（1724 年），欽差派往吉林的巡察御史趙殿最來到吉林後，走訪官紳，瞭解民情，深感武備之風濃厚而文教薄弱，應該修建文廟，倡揚儒學，於是擬就奏摺，請求「船廠地方應建造文廟，設立學校，令滿漢子弟讀書考試」。雍正看過奏摺，提起筆冷冷批道：吉林地方「乃發祥之地，崇尚文藝，則子弟稍穎悟者，俱專意讀書，不留心於武備矣」。

乾隆登基（1736 年），卻頗有嶄新氣象。登基伊始，便欽批創建吉林文廟，規格仿照南京夫子廟的格局，由此奠定了吉林文廟最初的大度與大氣。

文廟由永吉州知州魏士敏主持修建，歷時七年始成。乾隆五十五年（1790 年），大火燒城，文廟也被火魔摧殘，唯有魁星樓躲過火劫完好無缺。是年，吉林將軍琳寧主持在原地（今吉林市第一實驗小學校北側）重建。當時，城內及周邊壇廟甚多，有社稷壇、先農壇、風雲雷雨山川壇、城隍廟、蟲王廟、瘟神廟、三官廟、東嶽廟、馬神廟、鬼王廟……有些就在這次和以後的火災中被毀，或是在歲月的動盪中傾圮，只有文廟經此火劫後重建，一直安然無恙。

光緒末年，大清朝實行「新政」改革，其中一項是弘揚文教。光緒三十二年（1906 年），慈禧發下懿旨：「孔子德配天地，萬世師表，允宜升為大祀，與天地之祀相同。」吉林巡撫朱家寶和提學使吳魯鑒於文廟「堂殿卑狹，茨階不剪……無以尊孔展教」，趁機奏請拓建新廟。獲准後，特派官員專程到南北兩京考察，在東萊門外擇地拓為新基。歷時兩年餘，新文廟在宣統元年（1909 年）落成。

今天，吉林文廟已與曲阜孔廟、北京文廟、南京夫子廟同列中國四大文廟。紅牆之內，飛簷斗栱，殿閣巍峨，金碧輝煌，氣勢雄偉。大成殿開闊的九開間，廊簷氣派至極的九踩斗栱，正脊代表皇家氣象的九龍九鳳，大成門金燦燦的九九八十一個門釘，格局宏大，望望都讓人讚歎不止。

有清一代，吉林乃至東北的文化發展，文廟是一個見證。那是一道不同於曲阜孔廟、北京文廟、南京夫子廟的獨特風景。透析一個王朝的文化政策，吉林文廟是一個蘊藏豐富的歷史樣本。

吉林文廟

一九二〇年至一九二二年，吉林省督軍兼省長鮑貴卿主持重修文廟，建築布局更加完善：四周紅牆高達三米，南北長二二一米，東西寬七十四米，占地一六三五四平方米。院內共有殿堂、配廡六十四間，建築面積一八〇〇平方米。由照壁、下馬碑、泮水池、狀元橋、櫺星門、東西轅門、大成門、大成殿、東西配廡、崇聖祠、鄉賢祠、名宦祠、東西官廳、東省牲亭、祭器樂器庫、神廚等構成一組藝術精湛的建築群體。轅門上懸有吉林提學使曹廣禎所書「德配天地」「道冠古今」匾額。主體建築大成門、大成殿、崇聖殿（祠）按正南北中軸線排列，構成三進院落。

大成殿是文廟的中心，也是祭孔朝聖的殿堂，共有十一開間。殿前還有漢白玉雕刻的月台，與正殿的雕梁畫棟、金瓦紅柱渾然一體。最奇的是它的殿頂，一般文廟都用綠色琉璃瓦，而吉林文廟卻採用皇家建築專用的黃金色琉璃瓦，這不僅在東北絕無，就是全國也屬罕見，足可與北京故宮、曲阜孔廟相媲美。正門上方重檐之間原懸吳魯所書「大成殿」匾額，殿內正中原供奉「大成至聖先師孔子之神位」朱地金字木質牌位。孔子神位兩側為「四配」和「十二哲」塑像。大成殿的後院即為崇聖殿，原為崇聖祠，實際上是孔子的家廟，供奉孔子的上五代祖先牌。文廟的照壁牆（院外南牆）比其他牆都高大、堅厚。據說，當地不出狀元不能將照壁闢為大門。吉林文廟落成後已廢除科舉，所以清代至民國年間一直沒有開闢正門，進出文廟只能走東西轅門。

吉林文廟規模之宏偉，建築之精細，工藝之精巧，在東北地區可謂首

屈一指，現已闢為吉林市文廟博物館。

二〇〇六年，吉林文廟被國務院批准為國家級重點文物保護單位。

▲ 吉林文廟

薩英額撰著《吉林外紀》

富俊在吉林將軍任上，每當咨察府庫典藏，常自感嘆：天下府、州、縣莫不有志。吉林為我朝發祥根本之地，而並無記載，豈非缺典？遂在道光二年（1822年）將為吉林作記之任交與將軍衙門堂主事薩英額。

薩英額祖上本為漢姓張氏，後隸滿洲正黃旗。其宗祖蘇勒芳阿由京師調吉林烏拉任正黃旗佐領，歷五世而至薩英額。這是個很有些文化底氣的家族，有一些歷史謎團，幾代人始終在不斷探究追問，如囚禁北宋徽、欽二帝的五國城在何處？金太祖誓師反遼的得勝陀又在哪裡？薩英額就此自述，「自薩英額高祖由京升吉林正黃旗佐領至今，五世為吉林人，留心查考，無此城基，常見阿勒楚喀、三姓各官訪問，皆雲……並未聞有五國城址及冷山之名」。此番銜命作記，卻是正契己志，薩英額於是遍訪鄉賢野老，廣泛「蒐羅採訪」，又一一踏勘散落各處的舊城殘壁，以期「事必證實，言皆有據」。

其時，富俊將軍主持的雙城堡屯田已大見成效，前郭爾羅斯地方正有大片荒地在勘察之中。薩英額知道那一帶乃遼金鏖兵之地，必有古蹟遺存，於是帶員趕去。歷經宋元明清幾百年風雨，時間已將很多歷史留存摧殘毀壞，唯見荒草連天，荒原漫漫，時見狐兔奔竄……薩英額一面帶員訪察，一面詳囑勘荒人員如有發現，務要通報。

不多天，忽然得到訊息，傳說曾有牧人在拉林河外見一石碑。薩英額於是尋得土人嚮導，帶員前往勘訪。跋涉數十里的荒野之後，終在一處微微隆起的台地上見到石碑，撥開荒草細細審視，碑身高大，碑額題款：大金得勝陀頌。正面為漢文碑序與頌詩，背題女真文。數百年迷失而一朝得見，薩英額激動不已。

無疑，這裡就是《金史・地理志》中所記金太祖完顏阿骨打率眾反遼的誓師之地了。當時（1114年），太祖騎白馬衣白袍立此高處，與眾將士誓師伐

遼。眾人仰望，太祖竟如喬松般偉岸崇高，所騎白馬也如山岡一般高大；太祖顧視眾將士，竟也人馬高大，異於常時。於是視為吉祥之兆，遂誓言「大事克成，復會於此，當酹而名之」。誓畢，果以犁庭掃穴之勢，破滅遼國。在此七十年後，金世宗完顏雍忽發懷鄉思祖之情，由京返鄉問舊。在拉林河畔得遇百餘歲老人，猶記太祖慷慨聚義之事，世宗感懷先祖創業之艱，遂下詔奠立此碑。

「殘碑臥土，遺跡若封。摩挲辨識，前代興亡，悲何勝。」這一發現，時為道光三年（1823 年），又一年後，薩英額撰著的《吉林外紀》成書。這是吉林最早的一部志書。在書中，薩英額存寫了「大金得勝陀頌碑」碑文，並對五國城及冷山等處的地理位置提出自己的猜想。而以此作為開端，對金史的文化研究也別開生面，以此碑為論題的著述已有六十餘種。

富俊創辦白山書院

江流無語，歲月有痕。清代雖然對東北實行封禁政策，但在封閉的狀態下，卻是文脈不斷，從紳商市民到衙門中的官員，要求興教辦學、弘揚國學文化的呼聲始終滔滔不歇。

▲ 白山書院匾 鐵保書

據說，乾隆末年大火燒燬吉林文廟後，許多鄉紳耆老趕到火劫後依舊巍然挺立的魁星樓前，看著樓內手握巨筆欲點狀元譜的文曲星，都斷言吉林日後必出人才。魁星樓經紅焰滾滾的禍害屹立無損，這不正是昭示嗎？

嘉慶八年（1803年），富俊任吉林將軍。他體察民意，深感在吉林城興教辦學之亟，遂與吉林副都統松萩共同謀劃，多方籌資，在城中的參商局街，「買民居為學舍」，創建白山書院。書院最初有學舍五間，凡八旗及民人子弟都可來書院讀書學習。後來，富俊看書院「地近華器」，南北參商往來，時有喧鬧之聲，影響學習環境，於是又重修學舍五間。書院先後聘請熊酉山、朱慎崖、朱玉堂等名師擔任主講席，遂使吉林城裡「彬彬弦誦，文教日興」。

以後，富俊在吉林幾離幾任，但始終注重發展文教。嘉慶九年（1814年）時，原吏部尚書鐵保貶謫吉林，看著富俊親率一干人等謀劃往來奔波，一心只為地方培育讀書種子，大受感動，於是親為書院題匾，並作跋語，以記其事：「此邦人士，重武備而略文事，將軍富俊、副都統松萩首創書院……彬彬弦誦，文教日興。我書其創始之難，而樂觀其成也，於是乎書。」

白山書院是吉林省建立最早的書院，有引領之功，使得此後吉林文化日興。

富俊創學，鐵保題匾，都已成為一段歷史佳話。而人們始終不忘富俊辦學之功，一直稱其「吉林賢將軍」。

官民共建崇文書院

猶似大地在歲月洪流下形成的衝擊層一樣，在歷史的進程中，吉林市日漸積累起豐厚的文化土壤。近現代以來，尤在文化教育方面領全省之先。

清代道光年間，紳士商民們紛紛要求修建考棚（試院），免得省內考生都要跋山涉水遠赴奉天（瀋陽）應考。雖然遭到皇帝批駁，卻一直呼聲不斷，熱情不泯。終在二十多年後的同治七年（1868 年），獲准建設考棚，吉林及長春廳、伯都訥（今松原）等各處商民，無不踴躍捐資助建。吉林由此成為當時全省的考試中心。

六年之後，吉林城裡的紳商市民與官員再一次掀起捐資興學熱潮。這一次捐修崇文書院。此前，雖然已有白山書院，但畢竟規模有限。崇文書院建在城內朝陽門裡的考棚東側。吉林將軍奕榕和學政張雲卿捐銀六百兩。家住尼什哈站安子溝的鄉紳晉昌捐出田地一五三頃有餘，將軍衙門中的都司銜吏員季風捐地十頃。這些地都充作學田，一切生息歸書院作維修和擴建之用。

崇文書院是吉林第一個招收漢族子弟的學校。以後，幾經擴建，成為吉林規模最大的書院。凡吉林生童，不論漢滿蒙回，皆可入院讀書，「最盛時有學生數萬人之多」。後來「吉林三傑」中的成多祿、徐鼐霖，都曾在此讀書。

光緒三十一年（1905 年），崇文書院改為學務處，以後又改為省立師範學堂，成為現代教育理念下的新式學堂。

最早開辦的女子師範學堂

「白山松水，女權肇始，我校夙清芬；力學無荒，樂群健體，進德繼先民。文章藝術推陳意，科學貴知新；奮發有為，敬業惜陰，努力莫逡巡。」

這是吉林女子師範學堂的校歌，大膽宣示女權，而又黽勉奮進，敬業惜陰，創造創新，可稱一首意境、情感皆佳的好校歌。

吉林女子師範學堂創建於一九〇八年，是吉林省最早開辦的女子學校。史料評價：吉林向無女學，而女子學堂的建立，是吉林女子向學之風的開端。學堂開辦講習班、初中班、師範班、保姆班、附屬小學等十四個班，課程除舊有的四書、孝經、修身之外，特設了國文、歷史、地理、算術、代數、幾何、博物、音樂、圖畫等新潮科目，打破了傳統的封建教育體制，大力倡揚科學與民主之風。時人稱其與吉林一中、毓文並為「吉林省三大人才搖籃」。

一九二一年，在女子師範學堂的基礎上，創建了吉林省立女子中學。學校的課程設計更加新穎時尚，科學與民主思想愈顯活躍。第四任校長祝步唐，乃是南開大學校長張伯苓得意門生，按照南開精神辦學，注重學生品德和能力的培養，學校聲譽蒸蒸日上。「九一八事變」前，張伯苓來吉林考察教育時，有幾天就宿於女中校長辦公室。張伯苓布衣素服，毫無架子，已經安排了賓館，他卻不肯去住，一定要睡在辦公室。辦公室沒有床，是臨時到省交涉署借的，吃飯也和大家一同到食堂用便餐，一起吃玉米麵餅子。在新慶大舞台舉行的歡迎會上，張伯苓不拿講稿，即興而談：「要有現代國家，必有現代國民。」說著，以手示意：「一根筷子，一折就斷；一把筷子，誰能折斷？」惕厲國人團結禦侮，聽者無不振奮。

東北淪陷後，女子師範學堂的部分師生從校園出發，投身抗日鬥爭。中共地下黨員李維民以國文教師的身分，組織師生祕密開展地下抗日工作。電視劇《夜幕下的哈爾濱》就曾萃取李維民的故事。人們說，這裡不僅是培養人才的

搖籃，也是傳播進步文化和革命思想的搖籃。追隨時代的腳步，唱時代新聲，
開風氣之先。

一百年前的詩畫雅會

「光緒辛丑夏，松秀濤觀察拓地構精舍，鳩工庀材，不日而成……乃邀同儕舉觴政，至則楮墨幻羅，丹青並列。工書者書，工畫者畫，各罄所長……」

這裡記敘的，是一九○一年夏在松花江邊舉行的一次詩畫雅會。曾在吉林將軍衙門任墾務觀察的松毓（字秀濤），在江邊擇地築屋，作詩畫之會。松毓雖是滿人，卻思想進步，多有改革之議。清亡後，捐助孫中山金條二十根作北伐之用。而他又雅愛詩畫。江邊小樓裡，望長天碧水，青山如練，無不逸興遄飛，詩人即席吟詠，畫家揮毫潑墨，頗有蘭亭曲水流觴之慨。興會之際，來自直隸的文壇耆宿由升堂作文以記，存寫了這一次松花江邊詩畫家們詠唱酬酢的雅會景象。

這一個畫面，卻透視了歷史的一系列場景。二十世紀初年以來，吉林城教育日興，文風日盛。尤為受人關注的是，湧現了一批詩社和鄉土詩人，他們謳歌鄉邦，讚美吉林江城的壯麗風景，歌吟樸茂厚重的風俗民情，從而也使這座城市充滿詩情詩意。

一九一七年，省長郭宗熙倡言創立松江修暇社。這是一個新型的詩社。詩社成員中，有「吉林三傑」之一的成多祿，又有多位是從南方追隨郭宗熙而來的僚屬，大都深受「五四」新文化、新思潮的影響，有感於「省治船廠，南面松江，山水清奧，富有瑰寶，固天然一佳都會」。數千年裡，相沿以「稷慎之

▼ 北山泛雪堂今夕對比

虛，東方古國，開化最先。漢郡唐州，變置部落，金元京路，文野進退，及明羈衛所，清以開國皇伯之風，泱泱可表」。居此鐘靈毓秀之地，誠應抒發胸懷，「以兼詠歌」。

詩社的活動多在北山和龍潭山，兩山都是吉林市的自然山水形勝。每有登臨，山川萬象，一城風景，盡入眼中。山光水色，恍如畫卷。興會吟詠，多是歌詠吉林山川歷史之作。山河之壯，人文之美，一一流瀉筆底。「吉林佳氣鬱蔥蘢，江山一覽宇內空。魚山譯音尼什哈，十有五里城之東。古潭澄泓居深叢，禱雨輒應靈似龍……」是寫龍潭山俯視古今，與人同悲同慨，感嘆人事的代謝、歷史的變遷。「高會尋秋攀雲上，紅葉十里吟且望。光華閃耀幽谷間，眼纈不能窮殊相。疑是朝日出海嶠，朱輝閃射赤城標。又疑瑤池桃蕊破，萬株倒燭雲為焦……」是寫北山秋日裡如丹如霞的紅葉。「亂嶺浮雲白，寒煙浴日黃。人來餐雪地，詩擬聚星堂。座上江魚美，盤中楚橘香……」是寫冬日裡北山雅聚時松花江白魚之美。

數年裡，詩社的詩人們歌吟於吉林的山水之間，寫下了一批具有吉林風情的詩作，在吉林省現代文壇頗有影響。

泛雪堂

泛雪堂位於吉林市北山東峰半山處，南居峭壁，北臨山道，由青磚砌築，係卷棚、飛簷、堂外廊廊並配有明柱的晚清古建築，為北山八景之一。昔日，這裡是文人墨客和客居吉林的名人吟詩作賦、飲酒聚會的場所，民國及解放初期曾有民間藝人在此說書講古。

「爽借清風明借月，動觀流水靜觀山。」清末民初「吉林三傑」之一的宋小濂，以一副楹聯充分道出了泛雪堂的清雅和恬淡。冬季，堂前瑞雪紛飛，漫天皆白。在堂中居高而視，山下古城是一個瓊樓玉宇、冰清玉潔的銀白世界，令人心馳神往，感慨萬千。因此泛雪堂「堂前泛雪」也就成為北山冬季的著名景觀。

吉林省第一所大學——吉林大學在吉林市創建

　　二十世紀二十年代初，吉林省尚沒有大學，遼寧省內由張學良創辦的東北大學是東北地區唯一的大學。省內子弟只能到北京、瀋陽投考大學。路途既遙，費用又高，一些貧寒子弟只得放棄學業。張作相來吉後，就有學生與教師遊行請願，接著有紳士商民上書請願，紛言在省城創辦大學之亟：「吉林僻在東陲，文教不昌，民智固閉。不設最高學府，何以啟迪民智？遠近列強實行對華侵略，為防禦列強文化侵略計，辦學尤有必要。又東省每興辦一事，都要聘專家學者於國外，為適應地方需要，更非辦不可。造成碩學通才，以應地方之需。」張作相採納群言眾議，果斷決定創辦吉林大學。

　　一九二九年八月，吉林大學正式開學，張作相親任校長。當時，吉大臨時沿用公立法政專門學校校舍，房舍狹隘，擁擠不堪。籌委會選擇校址時，張作相親領查勘，最後選定城西關俗稱「八百壟」的地方。這裡距城五里左右，不遠不近，距離適中，「地方平坦，復避塵囂」。當時，梁思成與林徽因同在瀋陽的東北大學建築系，和童寯、陳植等人成立了營造事務所，既搞研究，也承攬建築工程。適逢吉林大學建校，便把總體規劃、教學樓和宿舍的設計，全部承接下來。

　　吉林大學是吉林省的第一所大學，開啟了大學教育的先河。

　　今天，這裡是東北電力大學。當年建的教學大樓主樓石頭樓，煌煌然極有氣派。一代又一代的學子走進校園，流連教學樓前，不由感嘆：大師們留下的作品，就是不凡！

　　這一段歷史，一半已寫進書頁，一半還在風中微微作響。那些並不老的老建築默然而立，在為一段歷史和歷史中的那些人做無言的訴說。

▲ 東北電力大學石頭樓

石頭樓

石頭樓，吉林大學舊址，坐落在吉林市船營區長春路一六九號（現為東北電力大學院內）。有教學樓三棟，因為樓體牆壁皆用長方形青花崗岩砌成，故有「石頭樓」之稱。

石頭樓正樓為三層（不包括地下室），占地面積 3383 平方米，其平面呈「T」字形，屋脊兩側有鴟吻，正門外有兩段石台階。東樓和西樓式樣與正樓相同，兩樓建築面積相等，均為 3018 平方米。樓道中部為四層，兩側為三層。頂部皆為人字形屋脊，南北兩側有門。這組建築，形式宏偉，結構新穎，樓簷下有仿中國傳統的斗栱造型浮雕，樓體為西方建築風格，可謂中西合璧，堪稱中國近代建築史上的傑作之一。

該組建築是著名建築大師梁思成留學回國後設計的第一個作品。石頭樓現已被《中國現代美術全集》《中國建築史圖說》等多部權威著作所收錄。二〇一三年被國務院批准為國家級重點文物保護單位。

天贈塊寶 —— 吉林隕石

一九七六年，對中國人來說是極不平凡的一年。周恩來、朱德、毛澤東三位黨和國家領導人相繼去世；唐山發生七點八級大地震，令二十四萬人頃刻喪生。

就在那一年的三月八日十五時二分三十六秒，一條巨大的火龍拖曳著長長的尾巴，呼嘯著從東北向西南而來，它發出的轟天巨響，彷彿滾滾驚雷，迴蕩天際。轉瞬之間，它便隕落在吉林市北郊。那一刻天崩地裂，大地顫抖，巨大的蘑菇狀煙雲騰空而起，高達五十多米。

這是迄今為止人類歷史上已知的最大一場隕石雨。它讓世界震驚的同時，也讓吉林市成為萬眾矚目的福地。

經科學家考證，這場隕石雨總重量 1616 千克，在十餘萬人居住的近 500 平方公里的範圍內，竟沒有傷及一人一畜。其中，有三塊較大隕石隨萬千金石紛紛而下。一號隕石重達 1770 千克，是世界上最大的石隕石，被載入吉尼斯世界紀錄。其他兩塊被命名為二號隕石、三號隕石。當地老百姓說，這三塊隕石象徵著毛澤東、周恩來、朱德三位偉人的憾然離世；其他萬千金石，則是唐山大地震中遇難的萬千生靈。

吉林隕石的母體是太陽系火星與木星之間的一顆小行星，年齡約為四十六億年。大約在八百萬年前，這顆小行星與其他星體相撞，從此偏離了自己正常的運行軌道。在泛然漫遊了八百萬年後，終於接受地球的邀約，熱切地撲向了北國江城這片神奇的土地。吉林隕石隕落範圍最廣，數量最多，質量最大，由近四十種礦物質組成，含有十八種微量元素，是極為珍貴的宇宙樣品。

天贈塊寶，獨賜吉林。這看似自然的天體事件，實則具有深厚的文化意義。它不僅提供了豐富的宇宙信息，還帶來了極具特色的隕石文化。吉林市人民政府迅即創建了隕石博物館，使其成為一道獨特的旅遊文化景觀。

▲ 吉林市隕石博物館　　　　　　　　▲ 一號隕石

吉林市隕石博物館

　　吉林市隕石博物館是中國第一個以隕石為專題的博物館。館內藏有「天外來客」吉林隕石，以及全世界十幾個國家贈送的各類隕石共五七○塊標本。它通過大量的實物、圖片、圖表和錄像，輔以現代化的聲光電手段，系統地介紹了隕石知識和吉林隕石雨的隕落過程。

　　一號隕石是博物館的鎮館之寶；二號隕石可以讓遊客親手觸摸這顆「昨日星辰」；三號隕石置身於六棱鏡生成的多角度空間中，使人可以從多個方位進行觀察。此外，電腦觸摸屏查詢系統還會解答有關宇宙、隕石及空間探索等方面的疑問，滿足不同層次觀眾的需求。

　　吉林隕石作為吉林市一項獨特的文化資源和旅遊資源，每年都吸引著大量國內外遊客前來觀看，是世人瞭解隕石奧秘、普及科學文化知識的一個重要窗口。

松花江冬季龍舟賽

二〇〇二年一月三日，吉林市首屆冬季龍舟賽在美麗的松花江上舉行，來自香港、湖南、大連、天津、吉林市的八支隊伍參加了比賽。

在零下二十多度的嚴寒下，各支龍舟搏擊寒江、激流勇進，兩岸二十餘萬觀眾喊聲如潮、鳴鼓壯威，場面動人心弦。松花江接納了龍舟，龍舟在這裡騰飛。

吉林市有著極其豐富的冰雪旅遊資源，冰雪體育運動更具廣泛的群眾基礎。而當寒凝大地、「大河上下頓失滔滔」之時，流經市區的松花江依然碧波蕩漾，這為舉辦龍舟賽提供了天然賽場。松花江冬季龍舟賽是目前世界上在緯度最北、氣溫最低的自然條件下舉行的龍舟賽。這項賽事不僅豐富了吉林市冰雪文化活動內容，也填補了冬季體育運動項目的空白。

此後，吉林市又多次舉辦冬季龍舟賽，讓龍舟這種古老的運動從南方劃向了北方，從夏天劃進了冬季，從中國劃到了世界。吉林人創造了龍舟的奇蹟，也改寫了龍舟的歷史。

▼ 松花江冬季龍舟賽

翰墨飄香書法城

丹青有韻文脈遠，翰墨飄香寫新章。二○一二年五月二十六日，吉林市被中國書法家協會授予「中國書法城」之譽。這是吉林市又一張亮麗的文化名片，又一個獨具特色的文化符號。瀏覽這一文化風景，是濃濃的墨韻為之敷染了最初的文化底色。

吉林古城，文風熾盛。自清初至民國，曾有三十餘位著名書法家活躍在吉林市。眾多文人志士、詩書名家為吉林城留下了豐富的翰香墨寶。有極富史料價值的明代阿什哈達摩崖石刻；有清代康熙、乾隆東巡時，為文廟、龍潭山、北山等地的御題匾書；眾多的廟宇內，懸掛有全國知名書法家鐵保、康有為、曾國藩、馮煦等人的聯語；北山玉皇閣及藥王廟、關帝廟等，留有大量歷代吉林書法家的碑刻、匾聯……這些都是珍貴的書法舊跡。就書法遺存而言，吉林省為東北最多，而吉林省書法遺存近一半在吉林市。

從清末民初以來，吉林市又誕育了一批本土的書法家，成多祿、宋小濂、徐鼐霖，憑藉高超卓越的書法、詩歌成就轟動京華，被時人稱為「吉林三傑」。後世評價成多祿的書法藝術成就「兩漢樸茂，六朝雅趣，歐柳褚顏，匯而為一」。新中國成立後，吉林市書法界名家輩出，成世傑、張穆庵、吳曦宇等人盛名遠颺，後有趙玉振、那致中、金意庵、劉迺中被譽為「江城四老」。當今有張運成、葉天廢、李壯等書法家活躍於吉林市書壇，更從中走出了一批著名書法家，如段成桂、叢文俊、成其昌、韓戾軍等。現在全市有中國書法家協會會員七十一人，省書法家協會會員三八六人，市書法家協會會員八九○人。近年來，有三百餘人在全國各級各類書法大賽中獲獎。老一輩書法家劉迺中、寶黎明獲中國文聯授予的「新中國成立六十週年文藝工作終身成就獎」。

尤為可貴的是，吉林市書法活動群眾基礎廣泛，書法人才輩出。二十世紀八○年代，吉林市率先在全省成立書法家協會，並陸續成立了市青年書法家協

會、市老年書畫研究會、市硬筆書法家協會、市文聯書畫院、市政協書畫院、《江城晚報》書畫院、北國文史書畫研究院等一大批書法協會組織。吉林市的書法教育亦根基深厚，改革開放初期，就有人創立民辦書法學校。近幾年，全市書法教育日漸興盛，一些中小學相繼開設了書法課。各級書法協會積極開展各具特色的書法活動，和中國北京、深圳、台灣地區以及韓國、新加坡、日本等地與國家組織城市聯展，開展書法藝術交流，擴大了對外影響力。

書法作為一種文化，今天已構成吉林市城市文化的重要元素，並在城市的文化苑圃中別樹一道優美風景。

全市先後投資興建了成多祿、金意庵、劉迺中等書法名人紀念館和藝術館，建設了吉林北山書法牆、吉林文廟碑林。在蓮花山國家森林公園創建了全國最大的書法碑林「千古絕唱——唐詩宋詞」。又斥資三千多萬元，對清代的吉林機器局舊址進行了保護性修繕和集中式開發，建成了集創作、展覽、培訓於一體的多功能的吉林市藝術中心，為促進書法藝術交流提供了良好的平台。它們共同構成了以書法藝術為特點的文化風景，彰顯著城市的文化魅力。

在靈動如龍飛鶴舞的墨韻之間，吉林市這座歷史文化名城，又書寫了新的篇章。

▲「中國書法城——吉林市」授牌儀式

政府設立「松花湖文藝獎」

「松花湖文藝獎」是由中共吉林市委、吉林市人民政府設立（市委〔1992〕十二號文件「關於進一步繁榮文藝的決定」），並以市委、市政府名義頒發，與中宣部「五個一工程」獎和吉林省「長白山文藝獎」相對應的吉林市文化文藝最高獎。該獎項每三年評選一屆，旨在推出江城文藝新星，推介中青年文藝名家，表彰德藝雙馨的老藝術家和優秀文藝作品，鼓勵廣大文藝工作者積極投身藝術實踐，自覺承擔繁榮文化工作的崇高使命，以豐碩的藝術成果和豐富的文化活動促進全市經濟社會全面發展。

吉林市於 1998 年、2001 年、2004 年、2007 年和 2010 年已成功舉辦五屆評選活動，共有十八位藝術家摘得「松花湖文藝獎」成就獎，數百部作品榮獲「松花湖文藝獎」作品獎。

▲ 吉林市第五屆「松花湖文藝獎」頒獎現場

▍榮膺「中國魅力城市」美譽

二〇〇四年金秋十月，中央電視台二〇〇四年度魅力城市評選結果揭曉，吉林市憑藉生態環境宜人、經濟活力突出等諸多優勢，喜獲「中國魅力城市」美譽。

在長達半年的評選中，吉林市先是在申報的六百多座城市中嶄露頭角，順利成為四十個入圍城市之一。後經專家嚴格評選，在科學的城市規劃、優雅的城市環境、充滿活力的經濟發展勢頭、獨特的風俗民情、悠久的歷史文化、積極向上的精神風貌、創新的城市管理等七項指標方面，吉林市都在優秀之列。

▲「中國魅力城市──吉林市」城市代言人梅葆玖

在最後一輪競爭中，吉林市獨具魅力的城市特色贏得了由社會知名人士、城市環境學家、建築學家、民俗學家、歷史學家、媒體記者、國際機構專業人士等組成的專家評審團的高度評價。入選中國魅力城市，吉林市實至名歸。

其後，吉林市又相繼榮獲「中國十大最美麗城市、中國十大特色休閒城市、中國十佳優質生活城市」等殊榮。

第三章

文化名人

吉林市雖然僅僅是東北大地千古座標上熠熠閃動的一點，卻鮮明奪目，輻射遼遠。追溯吉林市的發展軌跡，首先跳躍出來的便是一張張生動的面孔，與亙古以來的唯美山水相映生輝。是他們創造了歷史，是他們譜寫著歷史。也是他們，為我們還原出吉林大地的千年滄桑和地域文明的演進脈絡。

至今，這塊土地上仍留有他們的足跡；至今，這個城市仍存有他們的體溫。至今，我們仍然生活在他們的文化餘蔭之中。

女真大字的創始人 —— 完顏希尹

　　既是戰功卓著的開國元勳，又是女真大字的開拓者，在東北大地，千百年來集二者於一身的歷史人物可謂鳳毛麟角。完顏希尹正是這種獨一無二的曠世奇才。

　　完顏希尹（約 1080年-1140 年），女真名為

▲ 完顏希尹家族墓地

穀神，又名兀室（悟室），世居金上京會寧府轄地冷山（今舒蘭市小城鎮）的納里渾莊。他自幼聰慧，在女真文化的荒漠中獨自跋涉，成為最早接受中原《四書》《五經》的人，特別是對《易經》的研究達到了很高的造詣。

　　女真酋長完顏阿骨打起兵抗遼，希尹作為高參和戰將，隨軍攻破東京遼陽、上京臨潢府、中京大定府，與完顏婁室一舉擒獲天祚帝，將契丹人逐出歷史舞台，榮居衍慶宮二十一功臣之列。其後，輔佐金太宗吳乞買滅掉北宋，輔佐金熙宗完顏亶對政治制度進行了一系列卓有成效的改革，成為金朝開國的三朝元老。

　　女真人在金國建國前沒有文字，生產和生活、征戰和外交，以及各部交流受到很大限制。完顏希尹在常年征戰之中，還和葉魯奉命主持造字。二人仿造漢人的楷書，按照契丹字制度，以符合本國語為原則，經過將近一年時間的努力，將女真字造好。

　　希尹等所創製的這種女真文字，被人們叫作「女真大字」。二十年後，金熙宗完顏亶在此基礎上，又創製出一種筆畫略簡的新字，被稱為「女真小

字」，與「女真大字」並行使用。太祖皇帝為了表彰希尹的造字之功，對他進行賞賜。章宗皇帝為他和葉魯立廟，定期祭祀。清人湯運泰在《金源紀事詩》中的《女真字》一詩中，把希尹和葉魯比作傳說中漢字的創製者倉頡，滿懷激情地讚頌了希尹的才華和功勛。

卓越戰功、改革成效和顯赫地位，讓完顏希尹在金初紅極一時，不可避免地引起他人的嫉妒。終因維護禮儀和酒後失言，被冠以「目無君主、奸狀已萌」罪名，蒙冤而死。

希尹冤死，世間少了一個奇才，金王朝少了一個核心人物。昭雪後，金熙宗特贈其為儀同三司、邢國公，後又追封為豫王、金源郡王，厚葬於冷山。到了金世宗時期，希尹作為開國功臣，畫像被列入太祖廟，諡號「貞憲」，位於今舒蘭市小城鎮的家族墓地立起神道碑。一代名臣，終於得到了應有的尊重與評價。

完顏希尹家族墓地

完顏希尹家族墓地位於舒蘭市小城鎮東北六公里處，東西綿延十餘華裡，面積約十三萬平方米。共分五個墓區，葬有上至其父歡都、希尹本人及其子，下至其孫守道、守貞、守寧及其曾孫守道長子珪、次子璋等直系親屬。一九八〇年春，原吉林省文物工作隊對該墓地進行全面複查和清理發掘。共發掘墓葬十四座，計有大型石室墓、磚石混築石槨墓、磚室石槨木棺墓、磚室石槨石函木匣墓、大型石函木匣墓、小型石函木匣墓以及各種類型的石函墓，數量眾多且類型齊全。另又發掘了神道碑所在的土台。墓地採集並出土碑碣和墓誌多方。尤其是女真和漢字合璧的「昭勇大將軍同知雄州節度使墓誌」和其妻烏古倫氏墓誌，具有較高的學術價值。女真字碑在金墓中發現尚屬首次。

東北大地的文教先哲 —— 洪皓

北宋時期最大的事件莫過於靖康之難，金軍得勝後擄徽、欽二帝班師還朝。

康王趙構在河南商丘應天府登基，後遷都於臨安，成為南宋第一位皇帝宋高宗。高宗趙構的血性並不比他的父兄多出半點，半壁江山也守得誠惶誠恐。為避開金兵的鋒芒，打算再次將都城遷往建康（今南京）。錄事參軍洪皓不顧自己職位卑微，慷慨陳詞，上書阻止。他的意見雖未被採納，但是得到了高宗的賞識。高宗特意召見他，提升他為徽猷閣待制，以禮部尚書之名出使金國。沒想到，這一次出使，竟然滯留金國十四年，其中整整十年的時間，是在吉林境內的冷山（今舒蘭市小城鎮）度過的。

洪皓（1088 年—1155 年），字光弼，江西鄱陽人。徽宗年間進士，少年時代就有經略四方的志向，歷任台州寧海主簿、秀州錄事參軍，是宋代有名的詞人。

▲ 洪皓畫像

出使金國的任務，艱鉅而危險。金國根本沒有議和之意，所以使節的處境不言而喻。洪皓剛到太原就被扣留，流放到了遙遠的冷山。冷山是當時任金朝尚書左丞相、陳王完顏希尹的家族世居之地。完顏希尹賞識洪皓的淵博學識和聰明才智，破例讓他教授自己的八個兒子讀書，這一教就是漫長的十年。

洪皓用樺樹皮做紙，完全憑著自己的博聞強記，將《論語》《孟子》《大學》《中庸》默寫下來，以這套「樺皮四書」作為課本，教授「村人子弟」。師從洪皓的完顏氏後人，後來

有很多成為金王朝政治生活中叱吒風雲的人物。

洪皓知識淵博，在南方時書無所不讀，終日手不釋卷，不但精通經學、史學，也精通詩文辭賦。在遠離故土的冷山，他曾經寫下上千首詩詞，一時間金國人爭相傳閱。他對金國的自然地理、歷史沿革、經濟社會、風土人情、禮儀制度、政治制度以及物產等都進行了較為全面的考察，積累了大量的歷史資料，回歸南宋後追述成書。經長子洪适、次子洪遵整理為傳世的《松漠紀聞》和《金國文具錄》。

當年冷山的生活痕跡已蕩然無存，但洪皓使金的事蹟和業績卻流芳史冊，留下的冷山佳話也隨之傳頌千古。

▲ 完顏希尹博物館中洪皓的畫像

雍正皇帝的恩師——顧八代

清朝的尚書房（上書房），是皇子皇孫讀書的地方，入值的老師都是朝廷重臣。他們不僅教授皇子們治國安天下的策略和知識，還以自身的人格和修養影響著皇子的人生走向。

讓雍正皇帝獲益最大的一位老師名叫顧八代。他品學兼優，堪稱人倫師表，後來升任禮部尚書，由教授皇子一躍成為主管全國教育和禮儀的最高官員。去世後，作為皇太子的雍正親自到靈堂哭送祭奠恩師，並且賜詩十章，出資安排官員精心操辦後事。

顧八代，字文起，隸屬滿洲鑲黃旗，十七世紀上半葉出生於烏拉部都城（今吉林市龍潭區烏拉街滿族鎮）貴族家庭，年少時身魁力壯，善於騎射，喜歡讀《孫子兵法》，成年後被選作護軍，隨吳三桂遠征雲南。

康熙年間，皇帝考核旗人官員，顧八代名列第一，升為翰林院侍讀學士。吳三桂起兵反叛後，顧八代奉命收復廣西，一舉攻克南寧。四年後，朝廷再次考察官員政績，顧八代因為戰功卓著又列為優等。隨平南大將軍賴塔平定雲南後，班師回朝，晉陞為侍講學士，奉詔入宮，值守尚書房，教皇四子胤禛（即後來的雍正皇帝）讀書。他的才學和人品，對雍正的濡染很深。後升任禮部侍郎、禮部尚書，因事去官。

顧八代晚年專研經史，著有《敬一堂詩鈔》十六卷、《顧文端詩節鈔》十捲、《清文小學集注》（又名《小學合解》）六卷等。

顧八代去世後，當時還沒有即位的雍正不僅親自為他料理後事，登基後還下詔恢復他的榮譽和頭銜，賜加了太傅銜，諡號「文端」。因為他家裡太清貧，又賞賜他的後人大量財物。修建賢良祠時，入祀的滿族大臣只有五人，顧八代位列第三。他給予的悉心教導，讓雍正皇帝在治理國家時，擁有滿腹策略，從容應對天下。

「國初第一詞手」——納蘭性德

　　吉林地處歷代邊疆，史上多見軍旅的殺聲，而少聞詩意的吟誦。但在清初，卻有一位詩壇巨擘伴著浩蕩皇威走入這塊土地，並以脈脈詩情濡染了這座新興的軍府之城和朝廷貢地。這位詩人就是後來被著名大學者王國維譽為中國詞壇「北宋以來，一人而已」的納蘭性德。

　　納蘭性德（1655 年-1685 年），字容若，號楞伽山人，隸屬滿洲正黃旗，祖籍吉林葉赫（今梨樹縣葉赫滿族鎮），是武英殿大學士明珠的長子，康熙十五年（1676 年）考中進士，後任皇帝御前侍衛。他一生淡泊名利，善騎射、好讀書，與人友善，致力於詩詞創作，贏得清代文壇獨一無二的盛名。晚清周頤在《蕙風詞話》中讚譽他是「國初第一詞手」。

　　一六八二年，納蘭性德扈從康熙皇帝東巡吉林。這片英雄輩出的土地，激起了他遼遠壯闊的歷史情思。在短短數天時間裡，他便賦詩多首。如《小兀喇》：「樺屋魚衣柳做城，蛟龍鱗動浪花腥，飛揚應逐海東青。猶記當年軍壘跡，不知何處梵鐘聲，莫將興廢話分明。」再如《柳條邊》：「處處插籬防絕塞，角端西來畫疆界。漢使今行虎落中，秦城合築龍荒外。龍荒虎落兩依然，護得當時飲馬泉。若使春風知別苦，不應吹到柳條邊。」又如《憶秦娥·龍潭口》：「山重疊，懸崖一線天疑裂。天疑裂，斷碑題字，古苔橫齧。風聲雷動鳴金鐵，陰森潭底蛟龍窟。蛟龍窟，興亡滿眼，舊時明月。」尤為讓他動情的是滾滾北去的松花江，一泓

▲ 納蘭性德畫像

天水，濤聲如鼓，不捨晝夜，萬古奔流。他以松花江為題，接連賦詩兩首。

　　當年秋天，納蘭性德奉命遠赴梭龍（今黑龍江嫩江流域的索倫），安撫少數民族。幾年之後，清朝取得對羅剎（俄羅斯）的雅克薩之戰的勝利，也有納蘭性德不可磨滅的一份功勞。

　　納蘭性德的身體裡，流淌著一個勇武勁健的遊獵民族的血液。同時，作為一個詞人，他的一生幾乎就是情感的化身。對愛情，發出「人生若只如初見，何事秋風悲畫扇。等閒變卻故人心，卻道故人心易變。驪山語罷清宵半，淚雨零鈴終不怨。何如薄倖錦衣郎，比翼連枝當日願」的慨嘆；對友人，坦誠仗義，歷經周折將流放到寧古塔（今黑龍江省寧安市）的江南詩人吳兆騫贖回京師，史有「絕域生還吳季子」的佳話。如今，納蘭性德已成為解讀詩性人生的一種文化符號。

　　或許是天妒英才，在隨康熙東巡吉林三年之後，納蘭性德便因寒疾辭世，年僅三十一歲。其詞其情，至今仍被人們不斷品味。

清代四大書家之一——鐵保

　　嘉慶年間，吉林將軍富俊在迎恩街修建萬壽宮。當時謫戍吉林的書法家鐵保親歷了這一盛事，又是眾望所歸，親筆撰寫了《恭建吉林萬壽宮記》，並刻碑立在宮前。

　　鐵保（1752年-1824年），字冶亭，號梅庵，先祖姓愛新覺羅氏，後改為棟鄂氏，隸屬滿洲正黃旗，出身於將軍門第，後考中進士，官至兩江總督、吏部尚書。因為人耿直，為官盡職，所以備受重用，也屢遭革職。

　　嘉慶十九年（1814年），鐵保被流放到吉林，直到嘉慶二十三年（1818年）回京，他在吉林生活了近五年之久。

▲ 鐵保畫像

　　鐵保是當朝文化名流，於書法、詩詞造詣頗深，所以在吉林很受禮遇。謫居期間，他不廢吟詠，書碑題匾，積極參與吉林的文化事業。吉林將軍富俊創建白山書院，鐵保感慨其首創之功和創始之難，親自為白山書院題名並作跋，盛讚吉林「文教日興」，自己「樂觀其成」。

　　吉林的山水民俗也進入了他的筆端。《遊北山砂河記》《北山老榆記》等文章，是他的托情山水之作；《汪清邊門道中》《柳條邊》等詩詞，是他的即景遣興之作；而《吉林窮棒子說》《服豨薟草說》等，則是洞徹利弊、警世後人的指導性文字。萬壽宮的楹聯「語為吉祥滋厚德；心緣謹慎歷享衢」落款為富俊，實則為鐵保代筆。北山關帝廟，還曾有鐵保題寫的「澤被松江」「文武

▲ 鐵保手書石碑

「聖神」二匾。還有「天真至性」匾，是他為吉林孝子楊之春所題。二〇一二年六月，吉林市舉辦歷代名家書畫精品展，他題寫的「白山書院」匾被陳列在展廳的首位。

鐵保一生的命運起起伏伏，曾經的一品大員，到了道光元年（1821 年）以病乞休時卻僅得了個三品卿銜。大起大落之間，生命卻無比豐滿，他對吉林的文化貢獻也永澤後世。

六藝旁通的女科學家 —— 王貞儀

清乾隆年間的一個秋天，一個年僅十一歲的女孩跟隨父親來到吉林，求學習武，日後竟然成為一個著名的女科學家和詩人。她的名字叫王貞儀，《清史稿》裡有傳。

王貞儀（1768 年-1797 年），字德卿，原籍安徽天長，生於江蘇上元（今屬南京）。祖父王者輔任過豐城知縣和宣化知府，父親王錫琛是清代著名學者。良好的家學淵源，使她對天文、氣象、地理、數學、醫學、文學等方面都產生極大的興趣，並有較深的研究，表現出卓越的才能。尤其是她的詩，質樸無華，情感真摯。

祖父王者輔因得罪上司而被謫戍吉林，後來在吉林病逝。王貞儀隨父親王錫琛來吉為祖父奔喪，此後隨家人寓居吉林，住在松花江畔頭道碼頭邊上一棟木結構的小樓裡，服侍她的祖母董氏。祖父王者輔是一位藏書家，據說家中有七十五櫥書。而留在吉林的大量書籍，既是吉林城難得的一縷書香，也是王貞儀刻苦鑽研的一個新的起點。

能繼承這份珍貴的遺產，王貞儀如獲至寶，如飢似渴地一一涉獵。繼而，她又求學於吉林名儒陳淪齋的夫人卜謙爻，並與白鶴仙、陳宛玉、吳小蓮等諸位同學互相切磋學問，唱和詩文。她還打破常規學習騎射，掌握了「跨馬橫刀，往來如飛」的本領。當時吉林城百姓稱讚她說，「神童奇女，文武全才，發必中的，騎射如飛」。

王貞儀對吉林城的山水風光也格外鍾情，曾作有《踏莎行·松花江望雨》《吉林雜詩》《吉林雜作》等。另外，在她現存的七篇賦中，《吉林春感賦》《怨曉月賦》《春柳賦》就是客居吉林時的作品。

十六歲回到江南後，她又隨同祖母和父親遍遊各地。婚後仍孜孜不倦地刻苦鑽研，成為以梅文鼎、梅珏成為中堅骨幹的安徽數學學派的主要成員之一。

王貞儀英年早逝，一生只有短暫的二十九年，但是做了大量的科學研究工作。據說她的文學和科學著作共有六十四卷之多。這樣一位多才多藝、貫通中西的青年女科學家堪稱是我國科學史上的代表人物，在吉林更是絕無僅有。桐城學者肖穆在《女士德卿傳》中讚揚她是「兼資文武，六藝旁通，博而能精」。

　　王貞儀來到吉林，使得歷來重武備而輕文事的吉林城多了一道文學的色彩和罕見的科學光芒。

▲ 王貞儀畫像

吉林本土詩歌的開拓者 —— 沈承瑞

清朝嘉慶十三年（1808 年），盛京舉行了一次例行考試。面對全部來自東北的考生，學政官茹棻別出心裁地把《靰鞡草》作為考試題。只見一個叫沈承瑞的考生，不假思索地埋頭寫下這樣一首詩：

> 萋萋芳草滿江湄，細綠柔黃各一時。
> 籬落人家秋刈獲，山村父老夜砧椎。
> 任他冰雪侵鞋冷，到處陽春與腳隨。
> 太史齒風圖繪否，獻芹願報一人知。

茹棻閱卷時，對這首詩大為讚賞，給了最優等的成績，並把沈承瑞留在自己的幕府內擔任文案。

沈承瑞（1783 年-1840 年），字香余，吉林水師營漢軍旗人，生於吉林城的一個貧寒家庭，從小好學不倦，喜愛吟詠詩詞。由於天資聰慧，童年時就以才學過人而聞名於鄉里。考取秀才之後，來到京城，投拜當朝翰林院編修、京師詩壇盟主蔣心余門下。在蔣心余的點撥指導下，沈承瑞潛心於詩文，學問大有長進，深得先生的賞識，詩名在京華也不脛而走。

二十七歲時，沈承瑞考取了貢生，是當年吉林考區唯一的優貢。然而，他並未像茹棻所期待的那樣，用自己的才學踏平仕途之路，在此後的科舉中一次次名落孫山。回到故鄉吉林，他在自己的家中建起學堂，傾其所學授人子弟。

沈承瑞開啟了一代教育之先，從此吉林青年嚮往求學的風氣逐漸興旺。同時，他仍致力於詩文創作，字句間無不充滿著東北民間的鄉土氣息。晚年，他把自己的詩文整理成集，詩集定名為《茄園詩鈔》，文集定名為《仿初山房文集》。多年以後，他的重孫沈德涵在《茄園詩鈔》和其生前餘稿基礎上，整理

出版了《香余詩抄》。

　　沈承瑞的辦學和詩詞影響一直延續到光緒末年，在他逝世六十年後，吉林三傑成多祿、宋小濂、徐鼐霖在學業和詩文方面還不同程度地受其影響。從吉林詩詞發展史來看，他是晚清吉林詩壇進入高潮期的開山始祖，吉林本土詩詞創作最有貢獻的開拓者之一。

附沈承瑞詩作二首

詠烏拉草

天生小草御嚴寒，
春雨秋風幾度殘。
碧帶瀲圍新綠水，
黃雲淡抹夕陽灘。
朝隨葛履留雙印，
夜趁糠燈絮一團。
自是聖恩能被遠，
微芳亦效寸心丹。

松花江

東去大江水，高源何處來。
混同天一色，長白雪千堆。
遠塞茫茫劃，孤城灩灩開。
北山一登眺，惆悵濟川材。

吉林文將軍——富明阿

吉林是滿族發祥之地，歷代帝王都重武輕文，雄風浩蕩的大地之間，到處可見彎弓射鵰，獨不見讀書考試。乾隆皇帝即位後，在吉林城敕建永吉州文廟（即學宮）。書是可以讀了，參加考試卻要千里迢迢地遠赴奉天。直到同治年間，富明阿授任吉林將軍，萬千學子的科舉之路才開始暢通。

富明阿（1805年-1882年），漢姓袁，原名世福，字治安，隸屬漢軍正白旗。富明阿早年征戰於各地，屢次立功，屢次陞遷，曾任寧古塔副都統、正紅旗漢軍都統、江寧將軍。

任吉林將軍後，富明阿勤勉任事，為民造福。他對吉林的最大貢獻，在於對教育的重視。他經常親自在學宮講課，提高師生待遇，並倡導在吉林創設試院，捐建考棚（考場）。較之當年興建文廟和學宮，設立試院更考量著朝廷對發祥之地文武之風的權衡。兩年之後，經朝廷批准，富明阿親自督建吉林、長春、伯都訥三廳考棚。吉林城的文考棚在文廟之東，武考棚在巴虎門外。每逢大比之年，清廷派官來吉林進行主考。幾年之後，吉林文風大開之際，吉林崇文書院也適時設立，敞開胸懷迎接滿、漢讀書人。

光緒八年（1882年）冬，富明阿在黑龍江璦琿城去世，諡號威勤。吉林、揚州作為他一生經歷最重要的兩個重鎮，都奏請為他興建祠堂。他的兩個兒子，一是壽山，曾官至黑龍江將軍，為戰沙俄而以身殉國；一是永山，官至三等侍衛，在鳳城抗日，力戰而死。幾代家族名將，把英名都留在了東北這塊土地上。

為打牲烏拉修志的衙門總管 —— 雲生

明朝末年，海西女真烏拉部被努爾哈赤平定以後，煌煌都城連同宮殿樓台一併灰飛煙滅。部主布占泰的第八個兒子洪匡歸附努爾哈赤後，被封為「烏拉布特哈貝勒」，管理烏拉部舊地，負責地方物產的供應。硝煙散盡的戰場，被打造成為一代王朝的後園子。

皇太極即位後，在烏拉城設置「嘎善」（鄉村）機構，任命邁圖為「嘎善達」（村長），歸由後金內務府直屬，後來改稱為「打牲烏拉總管衙門」，從此拉開了二百五十多年打牲朝貢的序幕。昔日雄踞吉林大地的烏拉部故地，成為清王朝著名的貢品基地。雲生，是第三十三任打牲烏拉衙門總管。

雲生（1830 年-1902 年），字奇峰，祖籍山東。先世本為漢人，清初加入旗籍，從京師調撥烏拉，隸屬打牲烏拉正白旗。雲生就出生在烏拉城。他自幼聰敏，勤奮好學，精通滿文，博覽群書，曾入國子監為太學生。成年以後，在打牲烏拉總管衙門當差，從筆帖式、倉官升任驍騎校、翼領，最後晉陞為三品總管。

▲ 雲生

雲生任期內，適逢光緒皇帝下令編纂《清會典》。為了向朝廷呈報轄區內的各方面情況，同時保存打牲烏拉總管衙門二百多年的歷史，他主持修纂了一部《打牲烏拉志典全書》。這部志書比吉林將軍長順主修的《吉林通志》問世早了七年，是繼道光四年（1824年）薩英額所撰的《吉林外紀》之後記述吉林地理歷史概況的第二部地方志書。全書取材於打牲烏拉總管衙門兩百年來的冊報、文

書和檔案等原始史料，全面、系統、真實地記述了烏拉地區的歷史進程和歷史面貌。

打牲烏拉朝貢二百多年，歷史文化積澱的厚重不言而喻。由於《打牲烏拉志典全書》主要側重於貢獻方面的記載，其他方面的情況反映較少，幾年後雲生又出面組織專人編纂了《打牲烏拉地方鄉土志》。全書按照地方志的通例，廣泛著錄山川、戶口、人物等，成為又一部珍貴的地方歷史文化資料。

打牲烏拉總管衙門的歷史命運同整個清王朝的興衰相始終，是一個王朝留在東北發祥之地的一道背影。回首歲月蒼茫的打牲歷史，雲生無疑是這道背影中最清晰的面容之一。

烏拉街後府

烏拉街後府，是第三十三任打牲烏拉衙門總管雲生的私宅，位於吉林市龍潭區烏拉街滿族鎮。

後府始建於一八六八年，歷時十二年建成完工。它的主體建築為二進四合院，院中有賞月亭、養魚池、假山等，府內飛簷、照壁、院牆、柱頭、牆角都嵌以漂亮別緻的磚雕、石雕、木雕，占地面積近萬平方米，分為庭院、南園、西花園三個部分。大門朝東，西

▲ 後府遺址

南隅設一便門，東、南、北三面臨街，是清末比較典型的東北滿族四合院。有東西廂房各三間和東西耳房各一間，均以「風火山」與前院相連。

二○一三年，後府被國務院批准為國家級重點文物保護單位。

學者欽差——吳大澂

▲ 吳大澂

清光緒六年（1880年）十一月的一天清晨，吉林城下起了紛紛揚揚的小雪，全城一片寂靜。一個身著旗裝的男人帶著一個僕人和一個車伕從西門出了城，向南策騎而行。一行人一路曉行夜宿，走了整整三天，來到由樺樹林子（今樺甸境內）通向木其河的大嶺處。在這裡，名震關東的淘金王「韓邊外」親自前來迎接，並叩見了來人——這個人就是喬裝成商人、準備招撫「韓邊外」的欽差大臣吳大澂。

對於「韓邊外」這個天朝難管的獨立王國，歷任吉林將軍的多年剿撫均未奏效。吳大澂此番前來，一改過去官府對「韓邊外」的強勢高壓，單騎出城，微服入山，首先打消了「韓邊外」的疑慮。事實上，他這次奉旨到吉林籌辦邊務，其中一項重要任務就是招撫這位黃金王國的頭領韓憲忠。在木其河，吳大澂與韓憲忠同室而眠，對他開誠布公，曉以大義，終於使他幡然徹悟。韓憲宗主動摘下了掛在大門上的「威震江東」匾，換上了吳大澂親筆題寫的「安分務農」匾，並與吳大澂一同下山，返回吉林城，以示歸順。後來，他在吉林城迎恩門外營造新居，並更名為韓效忠。

吳大澂（1835年-1902年），字止敬，號恆軒、愙齋，江蘇吳縣人。他在清朝中晚期的官場中，是一個特立獨行、頗具傳奇色彩的人物。他奉旨先後兩次來到吉林：第一次是從一八八〇年到一八八五年，以三品卿銜到吉林幫辦邊務，創辦東北地區第一個官辦軍火工廠——吉林機器局，並附設表正書院；第二次是一八八六年，到吉林會同沙俄官員查勘邊界，收回了被沙俄蠶食的領土。

吳大澂是著名學者、金石學家、書畫家。在吉林興辦邊務期間，他臨池不廢，並與吉林機器局總辦宋春鰲、邊疆學者曹廷傑等人觀賞和交流有關碑帖，留下了諸多墨跡和碑刻，尤以「龍虎石刻」「疆域有表國有維，此柱可立不可移」銅柱銘和十一個新界碑最為著名。

吳大澂一生有十餘種學術和詩文著作，其中《吉林勘界記》《奉使吉林日記》和《皇華紀程》再現了他在吉林的籌邊功業。

吉林機器局

吉林機器局位於吉林城東八里俗稱「東大灘」的地方（今昌邑區東局子街），占地十九點七萬平方米。主要生產抬槍、騎槍、雷管、馬銃、子彈、開花炮、水雷、葛爾薩林炮，後期又生產來福槍、二人抬槍和二十五噸汽艇、炮車等。位於局內東側的「表正書院」，是機器局專設培養製造和測量專業人才的地方。

▲ 吉林機器局舊景

吉林機器局生產的軍火，分別解繳吉林靖邊軍用。從一八九〇年開始，在「無礙於籌邊」的原則下，亦供練軍需用。一八九一年，經黑龍江將軍依克唐阿與吉林將軍長順諮商，在黑龍江鎮邊軍餉下，每年撥銀三萬兩，交吉林機器局代造軍火。吉林機器局曾刊用「兼辦黑龍江機器製造局關防」，後於一八九八年停辦。

該局曾在一八八二年建局初期，試鑄廠平一兩銀質樣幣，後又鑄成多種銀幣，一八九六年獲清政府批准大量生產發行。從一八九六年十一月至一八九九年七月，獲盈餘銀三十四萬餘兩，為自身發展和武備軍調提供了經費補充。

吉林機器局舊址現已闢為吉林市藝術中心，兼有文物保護、藝術展覽、培訓交流等功能。

吉林最早的刻書家——盛福

清同治十三年（1874年），吉林城的教育界出現一樁盛事，由地方士紳捐款的崇文書院正式創建。從此，吉林城有了第一所招收漢人子弟的學堂，凡是吉林學童都可以入院讀書了。然而，吉林文化教育開發較晚，書籍資料奇缺，滿足不了求學的需要。面對鄉邦學子的求知渴望，名將之後盛福拿出自己多年的積蓄，購買了數百種經史子集，捐贈給崇文書院，創辦了「探源書舫」。

「探源書舫」是一個知識之源，也是吉林城文化發展歷程中一個重要的里程碑和標誌性符號，而它的創辦者盛福也開啟了一代風氣之先。

盛福生於一八三七年，字介臣，何圖里氏（漢姓何），先世為蒙古正白旗人，駐防吉林。其父伊興額，原名伊清阿，字松坪，是吉林名將，戰死疆場後被晉封為將軍，追謚「壯愍公」。

盛福少年時勤奮治學，文墨之間頗見功力。父親去世後，他撰寫了《伊壯愍公興額事實》四卷，被收入蒙古旗人恩華所編的《八旗藝文編目》。他不僅傾儘自己的私產，為崇文書院捐贈書籍，還在刻印圖書、傳播文化方面頗有建樹，是吉林最早的刻書家之一。他用了十二年時間，刊刻《探源書舫叢書》，涉及歷史、理學、藝術、金石學、醫學等類別共三十多種，無償贈送給鄉里親友以及無錢買書的寒士。這套叢書分初集、二集，每集分卷，共二十七卷。

盛福的刻書，幾乎與《吉林通志》的修纂同時開始，同時成書。在吉林文化史上，私刻和官刻的這兩個標誌性文化典籍相映生輝，共同交織出一個嶄新的文化氣象。

翰林編修——于蔭霖

一九○○年，八國聯軍進逼京津，慈禧太后下詔向萬國宣戰。接下來就發生了「九省拒詔」事件。反對宣戰的九省官員中，就包括吉林籍的河南巡撫于蔭霖。

第二年，逃亡西安的慈禧太后和光緒皇帝回鑾時，路過河南洛陽，在行宮裡召見了前來迎駕、已在這裡等候了十多天的于蔭霖。于蔭霖怕太后怪罪「九省拒詔」之事，打算告老還家。但慈禧並沒有追究，反而跟他討論起「新政」來。這位被史家們稱為公正清廉，但極力反對洋務運動的保守官員，居然提出了一個今天看起來都很激進的政治主張：把各級政府的財務賬目公開。

于蔭霖（1838 年-1904 年），字次棠，又字樾亭，出生於伯都訥廳太平川（今榆樹市黑林鎮），和叔父于凌辰、于凌雲及兄弟于觀霖、于蘅霖、于鐘霖並稱「叔侄五進士，兄弟兩翰林」。

于蔭霖在幾個兄弟中最早考取進士，散館（學習期滿）後任翰林院編修，是「翰林四諫」之一，曾問學於理學名臣、艮峰學派創始人倭仁。他的《悚齋奏議》和《悚齋日記》等著作也被視為艮峰學派的代表作。

他在任湖北荊宜施道道員期間，創辦荊州書院。在京期間，收吉林名士成多祿為門生。成多祿曾從其日記中搜輯佚詩，手抄而成《悚齋詩存》，影印刊出。

于蔭霖後來的擢任，得益於張之洞的保薦。從署理安徽布政使、補任雲南布政使開始，直到湖北巡撫、河南巡撫。受慈禧太后召見後，被調任廣西巡撫。後退居南陽，潛心於儒朱理學。雖然生活富貴，但服飾儒雅，食不改素，朱子之書不離案側，一時被傳為佳話。

去世後，清廷追封于蔭霖為地方巡撫加三級、頭品頂戴，並在國史館立傳。他的墓地在故土舒蘭市天德鄉境內。

崇文書院院長——顧肇熙

有清以來，吉林大地一直由將軍鎮守，標誌著這塊土地的特殊地位。但是，隨著柳條邊的弛禁，闖關東的流民大量湧入，肥沃的土地不斷被開墾，府、廳、州、縣開始設立，一向為皇封重地的關外也漸漸開始熱鬧起來。

從清光緒五年（1879 年）開始，一貫以軍府之城聞名的吉林開始增設民署，吉林將軍銘安奏請迅速調集同知、通判、知州、知縣數名來吉林任職。經李鴻章奏保，出生於江蘇吳縣（今蘇州）的著名學者顧肇熙隨籌辦東北邊務的欽差大臣吳大澂一起來到吉林，以候補道員身分由吉林將軍銘安差委，協同辦理中俄邊界防務。

顧肇熙（1841 年-1910 年），字緯民，號緝庭，同治甲子科舉人，曾官任工部主事、惠陵工程監修。一八八二年，吉林分巡道設立，標誌著吉林全境旗民分治的開始。顧肇熙擔任首任道員，並兼理崇文書院，成為該院歷史上最有名望的山長（院長），吉林三傑中的成多祿、徐鼐霖都曾受業於他的門下。

顧肇熙把崇文書院的學務和聲望一同推上了巔峰，武城絃歌之化至今猶存：「肄業有舍，講論有堂，門廡庖廚，規制略備。」他請修學宮，創辦義學，籌款作為書院經費，延聘經師主持講席，捐資購置善本經史。此時的書院入學人數達到最高峰，數百人誦讀經書的琅琅之音交融出古城前所未有的動人樂曲。

光緒十年（1884 年），顧肇熙為吉林府教授署內的尊經閣增添了《盛京通志》《二十四史》《遼金元三史國語解》等典籍，這個吉林最早的官方藏書室從此有了比較豐厚的底蘊。而顧肇熙也無愧於吉林城歷史上最知名的大儒之一。崇文書院內曾立有兩座石碑，就是顧肇熙和豐紳泰兩任院長的德政碑。

顧肇熙晚年在蘇州木瀆鎮捐資辦學，開一代風氣之先。他詩宗北宋，書法蘇軾，可惜作品存世不多。他親筆撰寫的日記有八種，其中記載吉林生活的《吉林日記》，是顧氏松竹齋紅格稿紙的抄本，如今保存於上海圖書館。

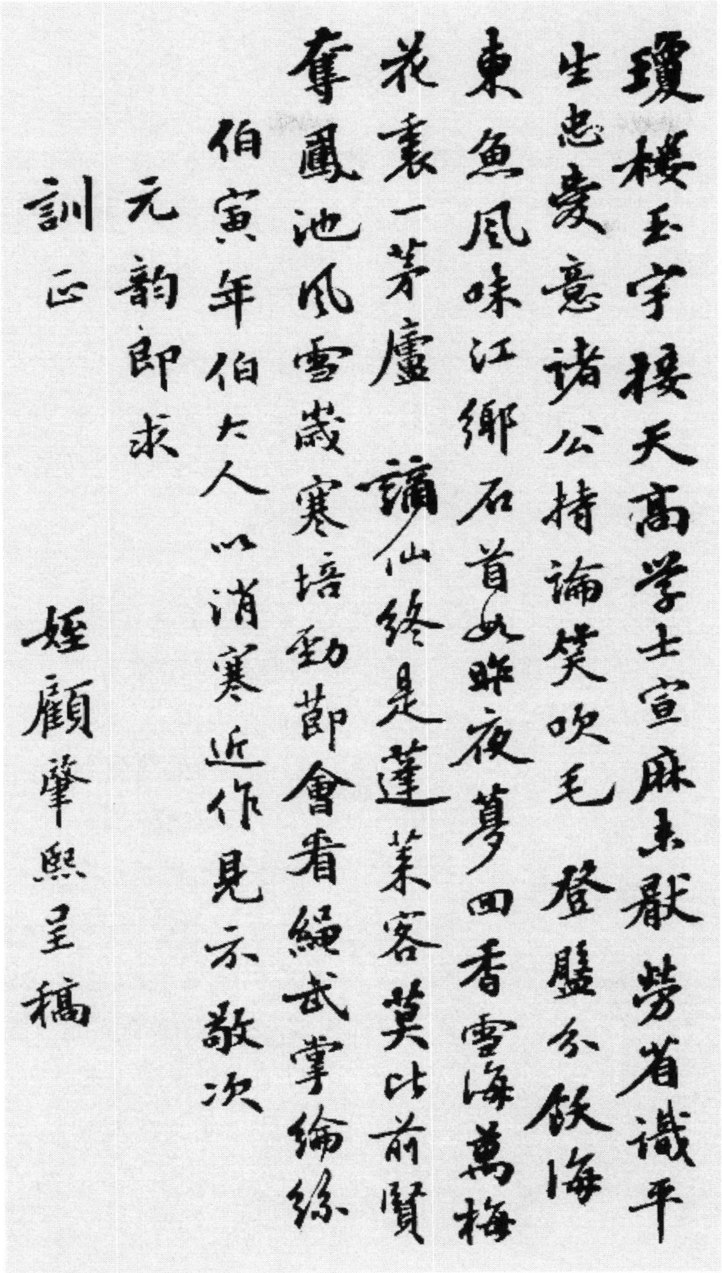

瓊樓玉宇接天高學士宣麻去獻勞首識平
生忠愛意諸公持論笑吹毛登鹽分飲海
東魚風味江鄉石首如昨夜夢回香雪海萬梅
花裹一茅廬讀仙終是蓮莱容莫比前賢
奪鳳池風雪歲寒培勁節會看繩武掌綸絲

伯寅年伯大人以消寒近作見示敬次

元韻即求

訓正

姪顧肇熙呈稿

▲ 顧肇熙書法作品

吉林早期教育泰斗 —— 王文珊

　　在清末新思潮的滌盪中，官員、名儒、士紳紛紛向新生事物敞開了胸懷和思想。在吉林著名士紳、吉林自治會會長松毓的支持下，教育界名流王文珊創辦了吉林省立女子師範學堂並任校長，這無疑是一項石破天驚的創舉。少年女子從此可以走出家門，走向社會舞台。

　　王文珊（1844年-1918年），字少石，筆名琅琊嫡派，吉林省榆樹縣黑林鎮王家溝人。早年熟諳詩、書、經、史，先在家裡辦私塾，後兩次出任伯都訥廳種榆書院（在今吉林省榆樹市）山長（院長）和主講。從私塾老師到書院山長，王文珊的才華和思想得以薪火相傳，燭照故土。

　　光緒八年（1882年），王文珊考中壬午科舉人，後取得候補直隸知州官銜。但他一生都沒有走上仕途，也沒有為「候補」而虛度一生。離開種榆書院後，又轉任吉林府崇文書院山長。直到崇文書院改辦師範學堂，年屆花甲的王文珊仍留在學堂任教，並兼任省鄉土志編輯館副編輯。

　　一九〇七年，他倡導建立吉林中學堂（今吉林一中），並任學堂監督；一九〇七年，創辦省立女子師範學堂和附屬小學堂，並任學堂監督；一九〇八年，創辦省教育總會，並任會長。因在新文教事業中的勤奮實踐和著力推行，他被譽為吉林早期教育界的「泰斗」。

　　一九一八年十月，王文珊在任省立圖書館館長時病逝。他和他的家族眾人百餘年在吉任教求學，是吉林教育史上不可複製的傳奇。

▲　王文珊

吉林首任提學使 —— 吳魯

　　當地不出狀元，文廟便不能開正門。
這是各朝各地修建文廟時約定俗成的規
矩。而吉林文廟重修於一九○七年，清廷
已廢除科舉，不可能再出狀元了。倒是主
張闢地重修文廟的首任提學使吳魯，是一
位名副其實的恩科狀元。新文廟落成時，
大成殿正面的重檐之間，曾高懸有吳魯題
寫的「大成殿」匾額。

　　吳魯（1845 年-1912 年），字肅堂，號
且園，福建晉江人。五歲開始讀書，二十
八歲考中拔萃科舉人，四十一歲考授軍機
章京，四十三歲中順天鄉試，四十四歲考
中狀元，授翰林院修撰，掌管修撰國史。

▲ 吳魯畫像

此後歷任陝西鄉試副考官、安徽學政、代
辦江南鄉試、教習庶吉士、軍務處總辦、雲南督學、雲南鄉試正考官。一九○
六年，署理吉林提學使。當時，吉林尚未設立行省，他成為有史以來第一位省
級主管教育的官員。

　　就任之前，吳魯與各省提學使共同前往日本考察學制及農工商等行政管
理，為我國尤其是吉林省新學制改革開創了先河。吉林教育落後於內地省份，
吳魯首先捐出五千金的俸祿倡導興學，學務迅速展開，並且卓有成效。吉林將
軍達桂專門上奏，清廷賞給吳魯二品頂戴。

　　他僅用幾個月時間就辦起了方言、實業、法政、模範等各種新式學堂，繼
而又辦起了中學堂和女子學堂。他親自編寫適合新學制的普及教材，每日輪流

到各個學校登堂演講。他還倡辦了《吉林教育官報》，並親自撰寫了創刊詞，在引導吉林教育與全國接軌和教育交流方面產生了很大影響。

一九〇七年，清政府將祭孔禮儀上升為國家大祀。吳魯認為原來的永吉州文廟殿堂簡陋，不足以尊孔展敬，於是又捐出一六〇〇金，擇定新址拓修文廟。同時，致力於收回先後被俄、日占據的試院（考棚）。

吳魯還是一位書法家和詩人。他的書法遠學顏柳，近學宋四家，頗具功底。在吉林除「大成殿」匾額外，省立模範高等小學堂院內的「教學相長」匾也為吳魯所書，字體頗為敦厚、蒼勁有力。此外，他還有眾多詩文傳世。

一九〇八年十一月，吳魯調離吉林時，吉林城的士紳百姓依依不捨，把他的政績刻碑紀念。一個世紀過去，記錄其開風氣之先的功勛石碑已經不存在了，但是頌揚這位恪盡職守的現代教育先驅和先哲的口碑還繼續流傳著。

吳魯宦海四十年，除了吉林提學使之外，幾乎未補過實缺，擔任的都是學政、主考等臨時差事，但這反而成就了其「六掌文衡」的榮耀。

愛國學者——曹廷傑

清光緒九年（1883 年）五月，和風蕩漾的邊境重鎮琿春，迎來了一位風塵僕僕的青年人。他趕到吉林靖邊軍後路營防駐地，鄭重地呈上了吉林將軍希元寫給營防長官副將葛勝林的手諭，葛勝林帶著敬意歡迎了這位來自京城國史館的書生。他叫曹廷傑，從京師奔赴邊疆，奉吉林將軍之命，擔任營案邊防文牘。

曹廷傑（1850 年-1926 年），字彝卿，號楚州，湖北枝江頤家店人。考中秀才後遠遊京師，經人薦入國史館任漢文謄錄，並賜「進士出身」。因列強入侵，國難當頭，他撫劍請纓，要求到東北前沿去報效朝廷。

在琿春邊防負責文牘工作之餘，他大量閱讀了《開國方略》《大清一統志》《皇朝通典》《方輿紀要》等涉及東北地區的歷史文獻，然後周遊東北各地，專心尋訪東北三省地理險要的地方，以及歷史上兵家必爭之地，著手撰寫了一部為清政府提供戰略決策參考的重要報告書，名為《東北邊防輯要》，至今仍為中外學者和外交界所遵循。

受吉林將軍希元委派，曹廷傑暗中前往偵察中俄邊界。在特林地方找到了明朝內官亦失哈巡視奴兒干時所立的永樂碑（《永寧寺碑》）和宣德碑（《重修永寧寺碑》），捶拓了多份碑文。這是他對永樂碑研究的巨大貢獻，因為在以後的歲月裡，中國學者失去了拓取碑文的機會。而這幾份碑文，明確地昭示著明朝政府經略黑龍江北岸、烏蘇里江東岸的史實——那裡，歷代都是中國的領土。他對奴兒干永寧寺碑文的拓取和研究，被認為是「震驚當時學術界」的一大貢獻。

大地有情，學者多情，曹廷傑對吉林這塊土地懷有深深的眷戀。此後，他又撰寫了《西伯利亞東偏紀要》和《東三省輿地圖說》；他以《萬國公法》譴責沙俄在東三省犯下的滔天罪行；他以自撰的《救疫速效良法》治癒了一二

○○多名鼠疫患者。他在瀋陽萬國防疫研究會上所做的學術報告，征服了全體與會者。

「中華民國」二年（1912 年）冬天，曹廷傑告老還鄉，專心著述。似乎還有什麼心願未了，或是對寄託了半生時光的吉林故地的難捨，三年後，已經六十五歲的曹廷傑又繞道上海，打算重返吉林，辦理遺留事務，卻因突患腦溢血在上海去世。他最後的目光，仍然深情地望向吉林。

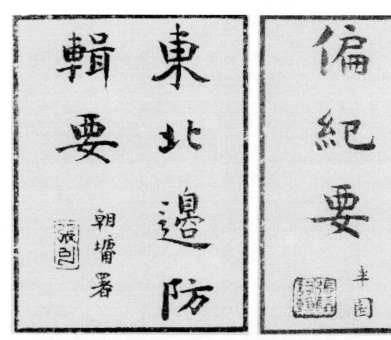

▲ 曹廷傑著作《東北邊防輯要》《西伯利亞東偏紀要》封面影印

京師四大才子之一——沈宗畸

　　一九一〇年農曆八月，一個年過半百的老人帶著一個美豔小妾從北京來到吉林。吸引他前來一遊的，既有塞外的秀美風光和邊疆風情，也有他的同鄉、附庸風雅的翰林巡撫陳昭常。這個狂放風流的老者，就是聞名於京師的「四大才子」之一沈宗畸。

　　沈宗畸（1857年-1926年），字太侔，號南雅、孝耕、繁霜閣主，廣東番禺人。少年時隨父親進京，師從著名學者鄭杲學習《詩經》，才華稱冠藝林，與其弟沈宗曒同時考中舉人，任禮部祠祭司。在京三十餘年，既有吟詩詠詞的雅好，同時又「好為花月冶遊」，以一首《落花詩》聞名京師，人稱「沈落花」，並與記者徐凌霄、袁世凱之子袁克文、書法家徐半夢並稱為「京師四大才子」。

　　因禮部裁撤而在京城閒居無事，沈宗畸便想到廣東新會人、吉林巡撫陳昭常手下謀個差事。他來到吉林時，正值塞外秋風初起，山水風光牽絆了他的腳步。於是，在城東山神廟附近租下倪姓的私宅，住了下來。

　　沈宗畸身上雖然沒有任何公差，卻每個月都能按時領到陳昭常發給他的薪水。他與陳昭常的另一個幕僚、江蘇江都人吳夢蘭邀集同仁組成「廿四番風館詩會」。幾個月下來，光是看戲寫的詩就有八十首。他把與詩友的唱酬之作，以及他與吳夢蘭等人根據吉林民俗寫成的「竹枝詞」合編在一起，命名為《塞上雪痕集》。

　　清朝末年，吉林城遭受了兩次大磨難，一次是一九一〇年冬天的鼠疫橫行，一次是一九一一年夏天的「火燒船廠」。沈宗畸客寓吉林的時間只有十個多月，兩場災難卻都讓他趕上了。他的一首長詩《鼠疫行》，被清末民初詩人易順鼎稱為「一篇鼠疫尊詩史」。

　　以沈宗畸為主力的「廿四番風館詩會」，得到全省最高長官的支持，把清

末民初的吉林詩歌創作推向高潮，從而吸引了一批文人墨客陸續來到吉林，吟詩結社。省城唱和之風，由此盛極一時。

三硬先生──宋小濂

清末民初，有一位被稱為「三硬先生」的愛國官員，以作硬詩、寫硬字、行硬事著稱，他就是與成多祿、徐鼐霖並稱為「吉林三傑」的黑龍江省都督兼民政長宋小濂。

宋小濂（1860 年-1926 年），字鐵梅，出生於吉林省雙陽縣，青年時在童子試中考得冠軍，深受吉林知府李金鏞的賞識。李金鏞受調前往黑龍江漠河開設金礦，招宋小濂前去任文書，辦理文案及交涉事務。從此，宋小濂便開始了在東北邊陲長達近三十年的「邊務」生涯。

▲ 宋小濂

宋小濂在漠河十年，積累了一生的「致用之學」。他加入了塞鴻詩社，以詩抒發愛國和報國情懷。從「義和團運動」到「庚子事變」，沙俄趁機侵占我國東北領土，漠河金礦被占，他毅然上書北洋大臣、直隸總督袁世凱，提出了東北善後「十二策」，要求收回主權，重整河山，因此聲名遠播。

此後，無論是擔任鐵路交涉總局總辦，還是擔任呼倫貝爾副都統、呼倫貝爾兵備道，屢次與沙俄進行談判、勘界。宋小濂寸土必爭，屬於我國主權的，全部一一收回，也讓傲慢無禮的沙俄官員見識了他的雄辯風采和錚錚鐵骨。

「收拾河山破碎餘，兩年長共虎狼居」，「三年苦撐柱，尺土期保障」。在當年國勢羸弱的形勢下，宋小濂守土有功，實屬難能可貴。

一九一一年春，宋小濂升任黑龍江民政使。辛亥革命爆發後，接旨署理黑龍江巡撫。民國成立，改任黑龍江省都督兼民政長。一九一三年，被調入北京，任總統府顧問、參政院參政。徐世昌繼任大總統後，任命宋小濂為東清鐵

路督辦。

「萬里微臣思報國，白頭不惜在寒邊。」一九二二年，宋小濂因壯志難酬，又不滿北洋軍閥政府的紛爭，以六十二歲高齡掛冠歸京，居住在什刹海南岸的止園。他以好學不知老，名其室為「晚學齋」，有《晚學齋詩集》十二卷傳世，還有《邊聲》《北徼紀遊》《賜福樓啟事筆記》《巡閱東省鐵路紀略》等詩文論集。他的詩以古風見長，激昂慷慨，直抒胸臆，在《五十自壽》《五十一歲紀年》《自題五十歲小照》等詩篇中，以拳拳愛國之心，增色邊關山河。而且，他還留下了《松花江行》《冒雨游龍潭山》《歸吉林》等歌頌吉林、眷戀家鄉的詩篇。他的書法以顏真卿為宗，筆法雄健，氣勢磅礴。他還擅長繪畫，並有很高的造詣，作品散存在黑龍江、吉林、北京等地。

▲ 宋小濂書法作品

一九二六年，宋小濂病逝於北京。他一生奉獻邊疆，很少回到吉林，「封疆幸脫千鈞擔，家計從無半畝田」。他對山環水繞的故鄉吉林懷有無限的深情，「人生最是還鄉樂，況有江水繞宅邊」。但直到身後才歸葬故鄉，長眠於江城的青山綠水之間。

滿人賢哲——松毓

▲ 松毓

清末民初，吉林城有一位著名士紳，被孫中山稱為「滿人賢哲」，以及「率一族人參加民族革命於旗下的滿族豪傑」。他就是著名書法家、實業家、革命活動家松毓。

松毓（1863 年-1929 年），字秀濤，晚號松陽山人，滿族赫舍里氏，後代改漢姓為何，出生於吉林城郊溫德河子。他幼年喪父，發憤讀書，二十三歲時報捐監生加筆帖式，兩年後出任吉林荒務總局文案，陸續遷升為候補驍騎校、候補防禦，加捐後補授為盛京刑部郎中，在漠河金礦、吉林邊務、吉林緝捕馬賊等事務中先後出力，進京後任工部行走。三十六歲以後，他又報捐知府和道員，經吉林將軍長順保奏、吏部引薦，松毓在一九○二年八月二十三日受到慈禧太后和光緒皇帝的召見。

清末出台壬寅學制，松毓聯合吉林士紳二十二人上書吉林將軍長順，提議將吉林府崇文書院改建為吉林大學堂，這是吉林第一個關於建立大學堂的動議。癸卯學製出台後，松毓出任吉林大學堂總理，負責籌辦全省學務，曾投資創辦吉林第一所女子學校——競權女子學堂。負有盛名的吉林毓文中學的創辦，與松毓也是分不開的，他是學校的董事，學校的經費開支大部分源於松毓的老天林場。毓文的辦學方法和教學內容，他也積極參與謀劃。據他的孫子何鑑回憶，「毓文」二字中的「毓」字，就取自松毓的名字，另一個「文」字則

取自吉林籍伊犁將軍金順嗣子、吉林自治會副會長文祿的名字。

　　一九〇六年，吉林地方自治會成立，松毓被公推為會長。自治會以預備立憲、養成公民為宗旨，編輯出版《憲報》旬刊。一九〇七年十一月十五日改為《自治報告書》，一九〇八年六月二十九日改為《公民日報》。一九一一年，松毓又創辦《國民新報》。

　　受中國同盟會會員李芳的影響，松毓由提倡君主立憲轉向支持革命，出任吉林公民保路會會長。「辛亥革命」爆發後，他以同盟會會員為骨幹，廣泛聯絡包括諮議局議員在內的各界人士，準備響應「武昌革命」，一舉推翻吉林巡撫陳昭常的統治。但地處滿族發祥地的吉林，脫離清政府的獨立運動進展艱難。松毓直接給孫中山寫信，代表吉林各界呼籲革命政府出師北伐，「救東省之火熱水深」，孫中山回信讓他就地「規劃東事」。民國初年，孫中山組織革命軍北伐，極大地鼓舞了全國各地的革命黨人。松毓聞訊，毅然拿出二十根金條，用巨資和實際行動支持北伐。

　　松毓的住宅地處吉林城松花江畔，是當時吉林城內最為時尚的住宅樓，號稱「松江第一樓」。這座住宅明顯不同於中國傳統民居建築，而是引入了歐式建築理念。松毓在民國初年閒居以後，除了傾力於實業，還常在家裡與朋友休閒雅集。他學養深厚，熱衷於書法，兼顏、柳之長，字體遒勁有力、別具神韻，在當時頗有名氣，吉林城很多牌匾都出於他的手筆。

「吉林三傑」翹楚──成多祿

▲ 成多祿

十六歲參加童子試，考取第一；二十一歲參加生員歲考，又列第一；緊接著參加了十二年一次的拔貢考試，在八百人中再次傲然榜首。這是學問累加出來的曠世才情。百年來，「吉林三傑」之首成多祿的求學、讀書、出山、隱居、離世，無不為鄉人所津津樂道。雖然學位不過拔貢（由地方貢入國子監的生員之一），官不過知府，但是他決意科場、淡泊功名，卻在詩文和書法方面取得了耀眼的成就，成為清末民初吉林文壇的第一人。

成多祿（1864 年-1928 年），原名恩齡，字竹山，號澹堪，出生於吉林府其塔木鎮（今屬九台市）。他五歲開始識字，八歲能作詩，二十二歲從老家來到吉林城，師從崇文書院山長、吉林分巡道道員顧肇熙，學習讀經、讀史之法和百家之書，學業大進，才智愈加深廣，書法藝術日益精煉，詩詞創作也取得較高成就。

他在吉林先後參加清末吉林府學教授周德至組建的「雪蕉吟社」和民初吉林省長郭宗熙組建的「松江修暇社」，點亮了吉林近代文壇的兩個耀眼瞬間。

因家境不順，進京朝考和參加順天鄉試都因故夭折，最終讓他告別了科舉之想。三十六歲時，由妻兄魁升介紹，入盛京將軍依克唐阿幕中主持文案工作。兩年後恰逢「庚子之亂」，只好歸家賦閒。第二次出山是入齊齊哈爾副都統、黑龍江將軍程德全幕府，仍辦理文案。此後有三年綏化知府生涯，深受百姓愛戴，被稱為「清廉太守」。

清末隨程德全兩赴江南，得以遍遊江南名勝，以文會友，與吳昌碩、朱祖

謀等名士碩儒交遊唱和。現在蘇州網師園廊壁上的六首五言律詩石刻，就是他一九〇八年留下的墨寶。寒山寺大雄寶殿內有程德全詩二十首，也是成多祿親筆書寫的。另外，在拙政園、滄浪亭等名勝古蹟也留下了許多他的詩作或墨寶。

「中華民國」年間，成多祿移居北京，居住在滄園，與同在京師的友人宋小濂、徐鼐霖、王樹枏、張朝庸、林琴南等結社吟詩，往來酬唱，一時名動京師，被譽為「詩社牛耳」。一九二七年被委任為教育部審核處處長兼京師圖書館（今中國國家圖書館）副館長。一九二八年十一月，病逝於吉林城西大街邸宅。

成多祿的詩詞和書法成就，彰顯了北方文壇的大氣象。他是東北本土歷史上最

▲ 成多祿書法作品

有才名、成就最大、影響最深的詩人，一生詩作不下千首，格調高遠，沉雄穩健，尤擅長律詩，堪稱北方詩壇的主唱之一。他的書法造詣頗深，取法歐、顏、蘇、翁各體，薈萃眾美，不落窠臼，自立獨派，卓然成家。無論是真書、行書、魏碑，以及傳世較少的草書、篆書，都勁遒清秀，形神兼備，揮灑自如，氣勢不凡，至今仍被人們視為東北有史以來的四大書聖之一。他的詩詞文稿、墨跡遍及東北三省、北京及江南各地；他題寫的匾額和楹聯，在北京、吉林、瀋陽、哈爾濱等地頗受推崇。

一九九八年，吉林市成立成多祿研究會；一九九九年，成多祿被列為吉林市有史以來的三十一位名人之首；二〇〇一年，成多祿紀念館建成並對外開放。一代名人之風範得以流布在全市城鄉。

心繫鄉邦的愛國官員──徐鼐霖

▲ 徐鼐霖

昔日吉林市北山關帝廟正殿東側的翥鶴軒，曾有一副詩意縱橫的楹聯：「圖畫本天成，試觀四壁雲山萬家燈火；樓台從地起，且喜大江東去爽氣西來。」這副楹聯是由「吉林三傑」之一徐鼐霖題寫的。他不僅精於詩文，擅長書法，文化藝術成就很高，同時也是一位心繫鄉邦、為國抒難的著名愛國官員。

徐鼐霖（1865 年-1940 年），原名立坤，字敬宜，號憩園，晚號退思，出生於吉林廳尚禮鎮（今九台市二道溝鄉）。在童子試中考取附貢生後，到吉林城就讀於崇文書院。中日甲午戰爭爆發後，東北形勢危急。徐鼐霖懷抱愛國之志，毅然投筆從戎，從此展開了在東北三省的數十年宦海生涯。

從一九〇四年到一九一一年，徐鼐霖一直身處邊疆，目睹內憂外患，時常以詩文表達內心的感慨。清末，朝廷在全國推行新政，徐鼐霖是黑龍江將軍程德全實行新政的積極支持者、倡導者和踐行者。僅僅三四年時間，黑龍江的內政改革就初見成效。

民國初期，黑龍江都督府參謀長徐鼐霖離職進京，任參政、約法會議議員。一九一八年，原東三省總督徐世昌就任大總統，徐鼐霖被聘為大總統顧問。一九一九年十月，徐鼐霖受張作霖之請，以「吉人治吉」之名，接替湖南長沙人郭宗熙出任吉林省省長。由於全國軍閥混戰，地方官員爭權奪利，他的主張無法貫徹實施，任職不到一年，就自請解職，返回北京，購買了一處宅院，闢為「憩園」，意在退出政界，頤養天年。

不聞政事，詩詞就成了最大的愛好。他參加「噚社」等詩社活動，與宋小濂、成多祿飲酒賦詩。他們三人在吉林期間就有了深厚的友情基礎，還曾一同

宦遊於龍江，晚年又聚首於北京，「吉林三傑」之名由此開始遠播。

一九二七年，徐鼐霖以「一鄉之望」出任《永吉縣志》在京總裁辦事處總裁，招攬賢人，歷時兩載，編纂成《永吉縣志》五十卷，共八十萬字。這部志書於一九三一年編纂完成後歷盡波折，於一九四一年才出版問世，那時徐鼐霖已經與世長辭了。

「九一八事變」令徐鼐霖衝冠一怒。他不僅組織了吉林同鄉會，親任會長，通電南京政府，力主抗日，還四方奔波，募集資金，先後為流亡到京的七千九百多位吉林同鄉解決食宿。他主辦學校供流亡學生就讀，為能工作的人介紹職業，為去大後方的人資助路費。他的熱心和責任，彰顯著灼熱的鄉邦情懷。

偽滿洲國成立後，日本關東軍曾兩次指令漢奸張景惠和熙洽派人到北京勸徐鼐霖出任偽滿重臣，但他始終堅持民族氣節，不為所動。遺憾的是，他最終沒有看到抗戰勝利的那一天。一九四〇年，他在憩園抱恨去世，葬在了潛廬別墅所在的西山，終年七十五歲。

徐鼐霖一生雅好文史，造詣頗深，曾有《憩園老人集》《憩園詩草》《憩園存稿》《籌邊芻言》等文集傳世，雖然至今只有為數不多的詩詞留下來，但其廉直勁正之風，不禁讓人感嘆他的錚錚骨氣和對鄉國的一片深情。

▲ 徐鼐霖書法作品

京劇「再造之父」── 牛子厚

　　一九五二年三月，京劇大師梅蘭芳為支援抗美援朝前線，捐獻飛機大砲，來東北義演，踏上了這塊他少年時就十分嚮往的土地。

　　一個動人的場景在演繹，一種綿延的情懷在輪迴。演出剛一結束，梅蘭芳就乘坐一輛大馬車，來到吉林城北沙河子鄉曉光村牛家山祖塋，憑弔「老東家」牛子厚。他站在墓前恭恭敬敬三鞠躬，表達他對牛子厚的感恩和思念之情。

　　梅蘭芳之所以如此尊敬已經故去多年的這位吉林巨商，是因為「老東家」牛子厚曾在北京創辦「喜連成」京劇科班，而他曾帶藝入科，到「喜連成」深造，並來吉林演出，由此成就了演藝事業的輝煌。

　　牛子厚（1866 年-1943 年），名秉坤，出生於吉林城，是清末至民國初年

▲ 牛子厚

的關東巨商、吉林首富、大慈善家。清末，他出資在北京創辦的著名京劇科班「喜連成社」，是全國範圍內時間最長、規模最大、成果最佳、影響最深的京劇科班。四十多年間，培養了梅蘭芳、周信芳、馬連良等一大批京劇大師和表演藝術家，七百多個京劇演員，創造了梅派、周派、馬派、裘派、譚派等京劇流派，發展豐富了京劇藝術，並將京劇推出國門，在中國京劇事業的繼承和傳播方面功不可沒。

牛子厚最大的愛好就是戲曲，從十幾歲就開始學習笙、管、笛、簫和各種打擊樂，人們說他「有眼的會吹，有弦的會拉，有板的會敲」。清末，他在吉林出資修建「康樂茶園」，邀請北京「四喜班」來吉演出。

在中國梨園界有這樣一句話，「沒有牛子厚，就沒有現在的京劇。京劇雖然不是牛子厚創造的，但是他挽救的。他是京劇的『再造之父』，喜連成社是『中國半部京劇史』」。牛子厚對京劇事業所做出的貢獻，在中國戲劇史上留下了珍貴的一頁。也正是因為他的卓越之功，吉林市被譽為「京劇的第二故鄉」。

大藏書家——鄧邦述

清末民初，吉林城文化星空格外璀璨，鄧邦述是較為明亮的一顆。他不僅帶來了他的驚世才學，也帶來了他的詩詞、書法和藏書。隔著一個世紀重重疊疊的時光，我們仍能從歷史深處呼吸到大藏書家鄧邦述遺留在吉林的隱隱書香。

鄧邦述（1868 年-1939 年），字正闇，號孝先，晚號碧群翁，又號漚夢老人，祖上是金陵（今南京）望族。鄧邦述考取進士後，先入翰林院，後入湖南巡撫端方幕府。受端方藏書和收藏金石影響，開始了自己的藏書生涯。同時以工書、善畫和詞名稱著於世。

旅居京師期間，鄧邦述不惜高價收購善本，所以廠肆書賈紛紛雲集其門。不到一年時間，所購的宋元槧本及抄本等秘籍就有一萬多卷。一九〇七年，經徐世昌保奏，鄧邦述署理吉林省交涉司使，也把濃重的書香帶到了吉林。北京的書賈們則不遠千里，不斷地把書送到吉林。

一九一一年，鄧邦述在吉林省民政使任上棄官回京。據說他從吉林回北京時，曾用幾輛車來裝運藏書。浩浩蕩蕩的車隊載著汗牛充棟的藏書，行駛在驛路上，堪稱一道難得一見的曠世文化場景。

鄧邦述的藏書之舉，使吉林城的書香氣息漸漸累積成一種文化風氣，並促成了吉林省圖書館（今吉林市圖書館）的建立。該圖書館創建於一九〇九年，是全國最早成立的公共圖書館之一。

在吉林期間，鄧邦述題聯賦詩，與友人唱和，留下了不少詩詞作品。直到如今，那些遙遠的詩香伴著書香，仍然給後世的愛詩人和讀書人帶來一片溫馨。

▲ 鄧邦述書法作品

傾心修志的永吉縣長 —— 王惕

出版於二十世紀四十年代初的《永吉縣志》，共五十卷三十冊，洋洋八十萬言，是有史以來首次對永吉縣（包括今吉林市、永吉縣、九台市的一部分）進行系統研究和全面總結的一部卷帙浩繁的地方名志，收錄了清末民初的歷史沿革、事件、氏族、職官、輿地、禮俗、教育、實業、交通、藝文、人物等，其史學價值光耀至今。而為修志、刊印做出重要貢獻的永吉縣縣長、縣志局監修王惕亦青史留名，聲譽流傳。

▲ 王惕

王惕（1882 年-1946 年），字敬生，號粲公，晚號淨園老人，祖籍遼寧錦州。本是清末秀才，後考入天津北洋法政學堂。畢業後返鄉，在奉天（今瀋陽）任中學教師，教授文學、法政等專科。如果他一生都躬耕於教育界，遼寧將多一個名師，吉林將少一部名志。或許是歷史給他提供了一個新的機緣，或許是他的視野因教育而投放得更遠：任教期間，他考取了「縣知事」資格。

一九二一年三月，孫烈臣調任吉林督軍，王惕跟隨來到吉林，先後在扶餘、榆樹、省公署、督辦公署任職，以清正廉潔而為地方士紳所敬重。一九二九年，吉林縣改稱為永吉縣，王惕調任永吉縣縣長，一部未修完的志書很快進入了他的視野。

早在一九二六年，吉林縣知事高汝清、教育局長韓瑞汾二人首次提議創修《吉林縣志》。次年，新任教育局長劉廣厚建立縣志局，京師和吉林的文化名流雲集於此，教育部審核處長兼北京圖書館副館長成多祿等地方賢達鼎力相

助，徐鼐霖以「一鄉之望」出任總纂。一時間，眾人檢索典籍、採集舊聞，投入到修志工作中。然而由於經費困難，一項功在當代、利在千秋的事業不幸中途夭折。

王惕調任永吉縣縣長後，詳細瞭解了修志的經過，竭力籌措資金，組織人力奔走於北京、吉林之間，期間歷經波折，乃至心力交瘁。一九三一年四月一日，在王惕及編纂人員的共同努力下，《永吉縣志》終於脫稿。因「九一八事變」爆發，已完稿的志書再次擱置。

一九三六年夏，王惕重任永吉縣縣長。上任伊始，就積極籌集款項。經多方奔走與籌劃，志書終於在一九三九年付印。王惕感慨其事，親自撰寫了志書的跋語。在情牽心繫了整整十年的《永吉縣志》終於刊印之後，他毅然棄官為民。

一九四一年，《永吉縣志》面世。在為後人留下一筆寶貴歷史財富的同時，已隱退兩年的王惕被夙願得償的喜悅充盈著。因為在家鄉素孚眾望，通古識今，一九四五年光復後，吉林省人民政府主席周保中、吉林市民主聯合政府市長沈越、吉林市衛戍司令王效明、永吉縣民主政府縣長楊聞庠等頻頻拜見王惕，共同商議建設家鄉之大計。

一九四六年，曾任中蘇友好協會會長、中蘇公學校校長、船營區區長的王惕在吉林市辭世。他為世間留下的，是一部彪炳千秋的志書、一身通古閱今的文化聲名和一份恆久不朽的文化貢獻。

延安十老之一——錢來蘇

一九〇七年，吉林有史以來最早的兩份報紙《吉林白話報》和《吉林官報》相繼創刊，古老的省城開始瀰漫出漸漸濃郁的新聞氣息。時隔不久，又有一份新的報紙——《吉林日報》出現在吉林城的大街小巷。這是由時任吉林高等審判廳廳丞錢宗昌出資創辦的一份民辦報紙，錢宗昌之子錢來蘇與吉林候選縣丞劉德均擔任該報的編輯。

錢來蘇（1884 年-1968 年），原名錢啟隆，字叔常，後改名為錢拯，字來蘇、太微，出生於奉天昌圖府奉化縣（今吉林省梨樹縣）。少年時代家境優越，八歲時就報捐取得監生資格，十四歲時又捐得縣丞。十九歲考入位於保定的北洋高等學校，後自費赴日本早稻田大學留學，因日俄戰事緊張、國家面臨內侮外患而棄學回國，重新考入保定優級師範。

一九〇六年冬，父親錢宗昌奉吉林將軍達桂奏調，赴吉林辦理新政，錢來蘇隨同來到吉林，幫助父親創辦法政學堂，遍結革命黨人。他謝絕了巡撫衙門和提學司的職務，到吉林師範學堂當了一名國文教員。《吉林日報》就是在此時創辦的，目的是「啟發民智，宣傳革命思想」。

這是吉林第一份民辦報紙，雖然創刊不到一年就因為資金匱乏而停刊，卻在吉林新聞史上留下重要一筆。

錢來蘇在吉林生活期間，在任教和從事革命活動之餘，留下諸多詩作。

新中國成立後，錢來蘇任中央文史館館員，與朱德、董必武、徐特立等並稱「延安十老」。他一生中創作了兩千餘首詩，著有《孤憤草》《初喜集》《錢來蘇詩選》等，詩作被收入《十老詩選》。

寄情吉林山水的詩人——孫介眉

遠迎長白，近繞松花，吉林城雄踞關東大地，唯美的自然山水吸引著文人墨客的爭相吟詠。早在清代中後期，「吉林八景」便在民間廣泛流傳。但「八景」歷經百年，眾說紛紜。一九三三年，吉林省女子中學教務主任孫介眉利用寒假期間遍游吉林城及周邊的山水風光，歸來後根據自己的實際感受整理出區別於舊八景的「吉林新八景」，並對每個景觀賦詩抒情。因有詩情浸潤，這個新八景流傳至今。

▲ 孫介眉

孫介眉（1884 年-1956 年），名毓椿，號先野，別號桃花流水捕魚人，出生於吉林。幼年家世清寒，年僅十六歲便輟學下鄉，往來於各地謀生，唯愛讀書。

一九〇七年，吉林省立女子師範學堂成立，孫介眉應聘到文案處做些抄錄工作，很快得到學堂監督王文珊的賞識。業餘時間，他每天練習書法和繪畫，筆墨丹青之中才氣橫溢，受到校方推許，又兼任圖畫教員，不久升為學校的事務主任，一生中為吉林女子教育事業而工作了三十三年。

孫介眉對書的喜愛終其一生，曾多次到清朝大藏書家、國子監祭酒盛昱的後人家裡去購書。他於琴棋書畫無所不通，對民間工藝美術尤為喜愛。所撰的《金石選》，將所謂「六書」和「八體」幾盡囊括。

他最大的成就還是在詩文上，用詩文記錄了一生中的經歷和見聞，題名為《野人之歷》。二十世紀八〇年代末期，被原吉林師範學院古籍所收入《長白叢書》出版，更名為《桃花流水捕魚人詩文》，收錄他自清末至新中國成立初

期的詩作近二百首，文章十七篇，聯語數十條，燈謎上百條。其中就包括「澄閣藏碑」「斗宮吊柱」「大東龍潭」「小白鹿苑」「夜橋轂聲」「曉城江氣」「雀峰插雲」「猴石返照」等八景詩。他的詩文境界博大，涉及讀史、自況、清居、遊歷、東北社會狀況等，尤以吉林風土民情為重。

附孫介眉詩作《吉林新八景》

澄閣藏碑

澄江傑閣許山陽，水望松花九轉腸。

最喜雅人多雅事，鐵公碑記壁東鑲。

斗宮吊柱

北嶺玄天斗姥宮，匠心妙結運神工。

架空吊柱無梁碊，不割年年雨雨風。

大東龍潭

苔蘚斑斑幽境通，綠蔭茂密蔽穹空。

艷婁澤洽龍潭雨，福額御書佑大東。

小白鹿苑

佳木蔥蘢靈秀鐘，白山望祭帝清封。

坡東辟有鹿兒苑，雲壑春深正養茸。

夜橋轂聲

黑漫長堤村樹遮，參差燈火路彎斜。

軌橋推轂聲遙至，知是吉敦夜到車。

曉城江氣

畫料詩材覓幾回，郭門東處小東萊。

曉來江氣連城白，泊岸叢船露半桅。

雀峰插雲

雀峰高跨眾山巔，腰插雲間首及天。

借作農樵晴雨計，雨前先見霧綿綿。

吉林第一位中共黨員——馬駿

▲ 馬駿

二十世紀二十年代中期，每逢星期日和節假日，吉林城外的龍潭山和小白山等風景區都會出現一位青年教師和一群學生，他們在一起暢談讀書心得，討論國家大事，指點江山的快意充盈在山間水畔。這位意氣風發的教師就是吉林省境內第一位中共黨員、當時在毓文中學任教的馬駿。秀麗如畫的山川景色和青年學生的風華與激情，共同編織著這個山水城市的希望和未來。

馬駿（1895 年-1928 年），字遹泉，號准台，生於吉林省寧安縣（今屬黑龍江省）一個回族家庭。小學畢業後考入吉林省立第一中學，今天吉林一中的校園裡還屹立著他的塑像。

此後，他到天津南開中學讀書，課餘經常揮筆寫作，發表在《南開校風》週刊上，由此與高他兩個年級的學長周恩來結下了深厚友誼。馬駿是學校的演說討論會、自治勵學會會長，以及義塾服務團總董和教務長，和周恩來一起成為校園裡的風雲人物。

五四運動爆發後，馬駿作為天津各界聯合會選派的總代表赴京請願，率領京津等地請願學生代表三千多人「大鬧天安門」，要求政府拒絕在「巴黎和約」上簽字，震動了整個北平城，從此有了「馬天安」的別名。周恩來在天津成立「覺悟社」，馬駿是二十個創辦者之一。

一九二四年九月，馬駿來到吉林市，應聘到毓文中學任英語教員、舍監兼訓育主任。他輪流到吉林城內各校講演，還把從天津帶來的《新青年》《嚮導》《覺悟》《北大校刊》等進步書刊借給學生們閱讀，領導了轟轟烈烈的吉林市「五卅」運動。

一九二五年九月，馬駿赴蘇聯莫斯科中山大學學習。兩年後回國擔任中共北平臨時市委代理書記兼組織部長，一九二七年十二月被捕，一九二八年二月十五日在北平德勝門外英勇就義，時年三十三歲。新中國成立後，北京市政府在秀麗的日壇公園修建了馬駿烈士墓，墓碑上鐫刻著郭沫若題寫的「回族烈士馬駿之墓」。

　　一個世紀以來，馬駿的英名一直在吉林大地上流傳著。

▲ 馬駿塑像

中國象徵主義詩歌代表人物──穆木天

▲ 穆木天

「中華民國」初年，吉林省掀起了一股留學潮，僅在日本的眾多留學生中就有著名的「吉林四天」：王希天、謝雨天、穆木天、李助天。這些留學生懷著一腔報國之志，踏上異國的求學之路。其中穆木天是在一九一九年赴日本留學的，本打算學習數學或化學，卻因高度近視而轉向文學。一個無奈之舉，卻最終成就了他在文學上令人仰望的高度。

穆木天（1900 年-1971 年），原名穆敬熙，字幕天，筆名文昭，出生於吉林省伊通縣靠山屯。八歲入私塾讀書，十四歲畢業於伊通縣立第一小學校，十四歲考入吉林省立第一中學（今吉林市一中），後轉入天津南開中學。一九一六年，他加入了由周恩來發起成立的進步文學團體「敬業樂業會」，成為該會學報的編輯，繼而又擔任學校《校風》編輯部職員。

在南開中學畢業後，穆木天回吉林考取了吉林省公署旗蒙科的官費留學生，赴日本留學。他在京都參加了以郭沫若為首的進步文學團體創造社，成為該社發起人之一，有許多詩作問世。他「別具一格」（阿英語）的詩歌展示了象徵主義的風韻，《水聲》《雨後》《雨絲》和《蒼白的鐘聲》等都是這個時期創作的作品。一個二十多歲的青年，一躍成為中國象徵主義的主要詩人和象徵主義詩歌理論的奠基人之一。

一九二六年，穆木天從東京帝國大學畢業回國。一九二九年，在新創建的吉林大學（舊址在今東北電力大學）任教，並兼任毓文中學的高中國文教員。他一改象徵主義的詩風，從象牙塔上下來，回到十字街頭，走上了現實主義的

創作道路。他在吉林期間創作和日後涉及吉林的作品，如《秋日風景畫》《雪的記憶》《我的詩歌創作之回顧》《北山坡上》《寫給東北的青年們》《永別了，我的故鄉（在吉林車站）》《在哈拉巴嶺上》等詩文中，熱情謳歌吉林鄉土，無比熱愛和同情吉林人民，在吉林、東北，乃至中國現代文學史上書寫了重要的一筆。

從二十世紀二十年代到四十年代，穆木天對新詩的創作方法進行了曲折的探索，從而確立了他在詩壇不可動搖的地位。

附穆木天詩作《落花》

落花

我願透著寂靜的朦朧薄淡的浮紗

細聽著淅淅的細雨寂寂地在簷上激打

遙對著遠遠吹來的空虛中的噓嘆的聲音

意識著一片一片的墜下的輕輕的白色的落花

落花掩住了苔蘚　幽徑　石塊　沉沙

落花吹送來白色的幽夢到寂靜的人家

落花倚著細雨的纖纖的柔腕虛虛地落下

落花印在我們唇上接吻的餘香啊　不要驚醒了她

啊　不要驚醒了她　不要驚醒了落花

任她孤獨的飄蕩　飄蕩　飄蕩　飄蕩在——

我們的心頭　眼裡　歌唱著　到處是人生的故家

啊　到底哪裡是人生的故家　啊　寂寂地聽著落花

妹妹　你願意罷　我們永久地透著朦朧的浮紗

細細地深嘗著白色的落花深深的墜下

你弱弱地傾依著我的胳膊　細細地聽歌唱著她

「不要忘了山巔　水涯　到處是你們的故鄉　到處你們是落花」

江城書壇「四老」之首──趙玉振

　　二十世紀八〇年代，吉林市有一道書法奇觀，幾乎所有的大學、中學校名都由同一個書法家題寫，時至今日仍有大量留存。這位書法家就是「江城四老」之首趙玉振。

　　趙玉振（1906 年-1993 年），字佩聲，山東招遠人。幼年入私塾讀書時就聰慧過人，尤其對書法表現出極大的興趣。一九二三年考入吉林省立第一師範學校（北華大學的前身），師從著名訓詁學家、教育家高亨。在一師就讀的七年間，趙玉振系統地學習了文字學、書法理論和文學經典著作，研讀過許慎所著的《說文》、羅振玉的《三代古金文存》，還有《古今彝器銘文彙編》《六書通》《說文段注》等書籍，並反覆臨摹《說文》。

　　自一九二九年七月在吉林省立第一師範學校畢業後，他先後任教於吉林縣

▲ 趙玉振

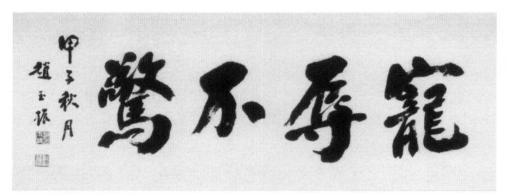

模範小學、吉林市立第五小學、永吉縣模範小學、吉林省立民眾教育館教育部、吉林省立民政廳教化股、蛟河國民高等學校、吉林省立第三國民高等學校、吉林省立聯合高級中學校，大多任體育、美術教員。數十年間，他勤奮敬業，桃李芳菲，在吉林市乃至吉林省教育界享有盛譽。

趙玉振臨池七十餘年，寒暑不輟，其書法不獨宗顏柳，而是兼及百家，博採各體之長，形成了自己的獨特風格——筆力遒勁、結體端莊、章法嚴謹、剛柔相濟，既有宏偉雄健之氣勢，又具典雅古樸之意態。他在青年時期就嶄露頭角，頗具聲名，中年時期更是書藝精進，晚年則達到了爐火純青的程度。他的作品早在二十世紀三十年代就曾赴日本參展，新中國成立後的數十年間，更是多次選送美國、日本、韓國、新加坡諸國及港台地區展出，許多精品力作被國家及省市有關部門典藏，其代表作還被收入《中國現代書法選》等多部書法出版物中。

此外，趙玉振還是一位聲名遠播的體育明星，足球、排球、籃球、網球、田徑無所不精，歷任吉林省體育代表隊隊長及主力隊員。在東三省歷屆比賽中每戰必克，有「體育明星」之美稱，曾受到少帥張學良的接見和嘉勉。他是新中國成立後吉林市首任體育運動委員會主任，為新中國的體育事業奮鬥了近四十年，國家體委曾授予他「新中國體育運動開拓者」獎盃。

趙玉振曾是中國書法家協會會員，吉林省書法家協會名譽理事，吉林市書法家協會主席、北山書畫院顧問，吉林省體育總會名譽會員，一九九九年被列為吉林市有史以來首批三十一位名人之一，事蹟材料已被列入吉林市檔案館永久珍藏。

從吉林踏上文壇的著名作家 —— 蕭軍

現代著名作家蕭軍的文學生涯是從吉林城江南的一座兵營起步的。

▲ 青年蕭軍

蕭軍（1907 年-1988 年），原名劉鴻霖，筆名還有三郎、田軍等，出生於遼寧省義縣沈家台鎮下碾盤溝村，童年時隨父親遷往長春。他的文學天分在小學時就已初露端倪，作文《名譽說》《大風歌》受到了老師的很高評價。在高小三年級輟學後，以讀些《聊齋誌異》《西遊記》《濟公傳》《七俠五義》之類的書為樂。

年滿十八歲後，蕭軍把穿上軍裝當作自己的成人儀式。他來到吉林城，在東北陸軍三十四團（吉林督軍衛隊團）騎兵營入伍。因為能寫一手漂亮的小楷，他被選拔為「字兒兵」，每天抄抄寫寫，很快又被提拔為「見習文書上士」。或許是這份與文字有關的工作，萌發了他創作的願望，一生的文學生涯就在這座兵營裡起步了。

蕭軍最初練習寫作舊體詩，先是得到過營部書記處上士羅炳然的指導，後有同團戰友、步兵營方靖遠（後改名為方未艾）對他的幫助。然而與羅炳然不同，方靖遠鼓勵蕭軍從舊體詩中掙脫出來，創作現代文學。

軍旅生活之餘，蕭軍經常去江南公園和北山風景區飲酒賦詩。在江南公園，他巧遇了知名詩人、當時在毓文中學任教的徐玉諾先生。後來，他在給魯迅寫信時還提到徐玉諾。在他心目中，這是他遇到的第一位文學界知名的詩人。在吉林北山，他曾多次在吉林名妓小玲瓏的墓前流連忘返，有時喝醉了就睡在墓地。詩心湧動，佳句頻出，字裡行間散發著他的名士風流。

從吉林考入東北陸軍講武堂，肄業後蕭軍來到東北憲兵教練處，任少尉軍

事及武術助教。一九二八年和一九三一年夏天，他兩次來到舒蘭駐軍，即東北軍六十六團二營營長馬玉剛處，訪朋會友。猝然爆發的「九一八事變」，點燃了蕭軍武力救國的民族自強心，也讓他第三次來到舒蘭縣城，組建抗日義勇軍。

由於缺乏足夠的組織經驗，這一抗日壯舉失敗了。蕭軍離開舒蘭逃往哈爾濱，以三郎為筆名寫文章餬口，不久結識了被困旅館的蕭紅，一起走上了左翼文學創作道路，並演繹出東北文壇一段不朽的佳話。

一九七九年六月，蕭軍在北京銀淀橋西海北樓「蝸蝸居」寓所寫下了兩萬多字的回憶錄《江城詩話》，為文壇也為吉林歷史留下了珍貴的資料。僅僅兩個月後，他借回故鄉錦州之機，應吉林市文聯之邀，來到吉林故地重遊。流逝的是歲月，不變的是記憶，那些崢嶸的往事依舊鮮活如初。

▲ 1925年蕭軍和好友方未艾在江南公園

年少成名的書法家——那致中

▲ 那致中

吉林北山的泛雪堂，自建成以來就是名人薈萃、吟詩作畫的文化殿堂。堂前的匾額，原是晚清著名書法家翁同龢所題，但因時間流逝，早已被湮沒。現在懸掛的，則是著名書法家那致中的遺墨。

那致中（1911 年-1990 年），滿族鑲黃旗人，烏拉那拉氏，字和溥，號松水逸人，齋號晚晴齋，出生於永吉縣烏拉街鎮（現已劃歸吉林市龍潭區）三家子村。啟蒙於私塾，青年時書法已出類拔萃，遠近聞名，二十多歲就曾獲得吉林省書法比賽第一名。

那致中早年在永吉縣屬小學任教，後遷居吉林市，任某商業店鋪的會計。他的書法博採眾長，既有顏柳風骨，又有右軍神韻。不拘泥於古人，不囿於傳統說教，在藝術實踐中求新求變，從而形成了動靜有致、氣度超然、縱橫捭闔、古樸自然的「那體書法」。

那致中尤其慣寫過尺榜書，粗壯放展，氣勢磅礴，如吉林北山的「泛雪堂」、明如寺的「天王殿」、炭市胡同的「藝寶齋」，以及「吉林市冰上運動中心」等，已成為「那體書法」藝術的代表作。

那致中先生在繪畫、篆刻等領域也有極高的藝術修為，其畫師宗鄭板橋、徐渭、石濤等，富有山林氣息，獨具風貌，擅長竹、蘭及山水。多以自作詩題於畫面之上，詩、書、畫相得益彰，令人耳目一新。刻印則剛健奇崛，蕭散峻

峭。

那致中對經史子集的研究造詣頗深。同時因為擅長詩詞歌賦,且才思敏捷,每每市裡舉辦大型活動,他不僅揮毫潑墨獻上丹青墨寶,而且還常常現場賦詩做對。他平生所做詩詞無數,多為五、七言絕句和律詩,以寫實或抒情為主,格調高雅。

他曾是中國書法家協會會員,吉林省詩詞學會會員,吉林市書法家協會常務理事、中山書畫社副社長。書畫作品被吉林省文化廳和省市博物館等處收藏。

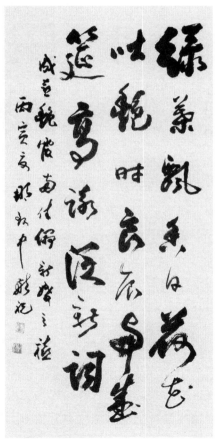

▲ 那致中書法作品

「四全」書法家——金意庵

　　乾隆皇帝的後代、末代皇后婉容的表弟、國學大師啟功先生的族弟，這是著名書法家金意庵的顯赫身世。但他一生沒有沾上任何「皇族」的光，而以自己的不懈追求，成就了集詩、書、畫、印於一身的多彩人生。

　　金意庵（1912 年-2002 年），原名愛新覺羅·啟族，出生於北京。幼承家學，酷愛金石書畫，稍長授業於楊鐘羲攻習詩文，後又拜素有「南張北溥」的溥儒學習書畫，數十年對硯田勤耕不輟。

▲ 金意庵

　　他十五歲進入萃文中學，十九歲考入北京中國大學，二十一歲在上海商務印書館與沈雁冰（茅盾）、鄭振鐸、胡愈之等眾多文壇鉅子共事。抗戰時期，就職於大中國保險公司。在這裡，他與馬公愚、鄧散木定交，切磋書法、篆刻技藝，書畫初步形成了自己的面目。

　　二十世紀五○年代，金意庵從瀋陽東北運輸總局被調到吉林鐵路局教育處，舉家遷居松花江畔的吉林市。他以半個世紀的文化熱量濡染著這個城市的文化情懷。

　　一九八一年五月，中國書法家協會成立，金意庵當選為理事，並連任兩屆，作品連續六次入選全國書展，是全國第一、二屆篆刻展評委，當代篆刻界權威之一。一九九○年，他的書法作品獲韓國美術大展金獎；一九八九年、一九九一年分別應邀擔任賽克勒杯國際書法大賽評委、顧問；一九九三年十一月十二日，「金意庵詩書畫印展」在中國美術館隆重開幕，趙樸初親自為展覽剪

綵，一百二十餘件詩、書、畫、印作品受到各方好評。中國美術館打破了不收藏當代書法的慣例，收藏了金意庵的一幅書作，並頒發了第一號收藏證書。

金意庵的書法，五體皆備，集各家所長，成一家之體。其國畫另闢蹊徑，以書法入畫，格調清新，設色典雅。其篆刻章法自然，刀法凌厲，線條流暢生動。此外，他還精通鐵筆，潛心秦璽、漢印等。他既是我國著名的書法家、畫家、篆刻家，又是詩人、學者和鑑賞考據家。尤因詩書畫印俱佳，而被稱為「四全」書法家。

金意庵愛國愛鄉，名馳海內外而虛懷若谷，為弘揚鄉邦文化不遺餘力。一九九八年，榮獲吉林市首屆「松花湖文藝獎」成就獎。曾三度摘得吉林省「長白山文藝獎」作品獎，並被授予成就獎。二〇〇〇年，被中國書法家協會評為「德藝雙馨」會員。

▲ 金意庵書法作品

學者型書法家 —— 劉迺中

　　二〇一四年四月，劉迺中書法篆刻作品在杭州西泠印社展出，這是他一生成就的集大成之展。作為西泠印社的資深會員，以耄耋之年舉辦大展，亦是國內書壇的一椿佳話。

　　劉迺中，字漢寬，一九二一年二月生於北京，天津楊柳青人。一九四四年畢業於輔仁大學國文系，曾任輔仁大學附中語文教員、「中電三廠」（北京電影製片廠前身）文書幹事。其書法師事啟功，後又得王福庵指點篆刻。書法各體均能，最長於篆書和隸書，尤以漢篆深厚古樸、獨具特色。治印端莊古雅，遒麗多姿。

　　二十世紀六〇年代初，劉迺中輾轉來到吉林市，後任吉林市圖書館副館

▲ 劉迺中

長。他編輯出版吉林市史學會會刊《史學簡報》，被吉林師範學院古籍研究所聘為兼職研究員，承擔古籍點校、標註或終審定稿工作。他既是書家，又是學者。

一九八二年，清宮舊藏的蘇軾《洞庭春色賦》《中山松醪賦》兩長卷在吉林市民間發現，各界對其評價不一，經劉迺中與金意庵共同鑑定為真跡，被吉林省博物館珍藏。

劉迺中書法作品入選「全國第三屆書法篆刻作品集」「第二屆日中友好自詠詩詞交流展」等，印作選入《全國首屆篆刻藝術作品集》等。曾代表吉林省參加與四川、貴州書法家交流展，與新加坡進行書法交流，兩赴台灣舉行個展並講學。趙樸初、啟功、何海霞等大師的晚年用印大多出自劉迺中之手。

▲ 劉迺中書法作品

劉迺中通文史、好詩詞，國學修養深厚，有儒者之風。他是中國書法家協會會員，吉林省書法家協會名譽主席，吉林省文史館館員，西泠印社社員。榮獲吉林市第二屆「松花湖文藝獎」成就獎，吉林省「長白山文藝獎」作品獎、成就獎，中國文聯「從事新中國文藝工作六十週年特別成就獎」，中國書法家協會「德藝雙馨」會員，中國書法家協會成立三十週年藝術成就獎。

江城隸書名家——李林

▲ 李林

「李林先生吾鄉先賢，為人寬厚篤誠，勤於翰墨，其藝德人品，素為吉林書壇所稱頌。」這是著名書法理論家、吉林大學叢文俊教授對書法家李林的評價。二〇〇八年七月二十五日，吉林市文聯、吉林市書法家協會等單位聯合舉辦了紀念「李林先生八十壽誕暨作品集首發式」，作品集《李林隸書千字文》由吉林美術出版社出版。

李林（1928 年-2001 年），字蔭實，別署松江鄰舍主人，祖籍山東新泰，出生於吉林省舒蘭市。一九四六年參加革命工作，歷任科員、科長、主任、書記，吉林市市直機關工委副書記。

李林幼年師從劉占林學習書法，又私淑張能可、韓徹宇，後得著名書法家趙玉振、王常瑜、張穆安、吳曦宇、金意庵、劉廼中諸先生指點，書藝大進。主攻隸書，初臨清人翟雲升，其後遍臨《華山碑》《乙瑛碑》《史晨碑》《禮器碑》，作品古樸遒勁，法度嚴謹，秀雅從容，圓潤俊麗。

他曾是中國書法家協會會員，吉林省書法家協會常務理事，吉林市書法家協會副主席、中山書畫社顧問。他的作品參加北方二十四市書法作品聯展、首屆民族團結大家庭美術攝影書法作品展、東北三省聯展等，入選黃河碑林、鞏縣碑林刻石。離休後，他全身心投入到書法事業中，還擔任吉林市老幹部大學書法班隸書課教師、函大吉林市分校書法班隸書課輔導教師。

李林除沉浸於書法外，還喜歡收藏和體育運動。他是吉林市奇石浪木藝術

的發起人之一，收藏有許多珍貴的長白山奇石和松花湖浪木；他是吉林市冬泳運動的倡導者和參與者，花甲之後還在寒冬裡暢遊松花江。

▲ 李林書法作品

雄強豪放的書法家——竇黎明

▲ 竇黎明

他的題字備受推崇，遍布全城的牌匾就是證明；他的書法不拘一格，用墨變幻莫測，極具浪漫主義；他的詩情貫通古今，跋語中既見古風駢文，也有新詩散文詩，頗能道出人生三昧。

竇黎明（1930 年-2013 年），號長白散人，一九三〇年出生於山東郯城縣澇溝鎮，在家塾中接受傳統的四書五經教育，開始書法啟蒙。少年在徐州讀書時接觸和學習張伯英書法藝術。十九歲入伍，名字被載入中國人民解放軍第二野戰軍軍史。一九五三年被調至總政話劇團工作，後轉業至中國科學院脊椎動物與古人類研究所，做古生物學家、中國科學院院士楊鐘健的秘書。亦文亦武的經歷，似隱似現地浸潤到他的書法作品之中。

一九六一年，竇黎明來到吉林市，人生幾經跌宕，在身不由己的處境中，他始終堅守著對詩文和書法藝術的探索。五十歲起，他全身心地致力於書法藝術，僅僅幾年時間，便以其章法自如、結體奇特、雄強大氣的書風受到書界關注。他的作品多次參加國際、國內展覽，備受矚目，為文軒畫廊所鍾愛。

對於竇黎明的書法風格，業界的評價見仁見智，但公認的是，其作品中輕重、虛實、正側、強弱、燥潤、剛柔、疾徐、滑澀、方圓、提頓、翻絞等諸多變化，流淌出一種內在的韻律感和生命力。

一九八七年經王遐舉、歐陽中石、李鐸推薦加入中國書法家協會；一九九三年成為韓國現代美術人協會名譽理事，二〇〇三年為該協會名譽會長；二

○○一年獲吉林市第二屆「松花湖文藝獎」成就獎；二○○四年《寶黎明書法集》由吉林美術出版社出版；二○○六年「寶黎明書法展」在第五屆中國‧吉林藝術博覽會上展出，同年十月「寶氏父子嶺南書法文化交流之旅」在深圳畫院陳列館舉辦；二○○九年獲中國文聯「從事新中國文藝工作六十週年特別成就獎」。

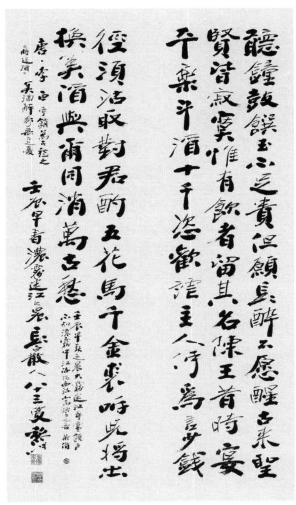

▲ 寶黎明書法作品

德藝雙馨的歌唱家 —— 秦茵

▲ 秦茵

作為一名歌唱演員，能夠為周恩來、鄧小平、西哈努克親王等國家領導人和外國首腦一展歌喉，不僅是難得的契機，也是難得的榮耀，更是對其德藝雙馨的認可。著名女高音歌唱家秦茵就有許多次這樣難忘的經歷。

秦茵，一九三一年五月生於天津，蒙古族，讀書期間喜愛音樂。一九四九年參加中國人民解放軍四十六軍文工團，曾在志願軍曲藝、聲樂訓練班學習，後隨天津音樂學院王純方學習聲樂。一九五八年轉業到吉林市歌舞團，一九六二年調至吉林省歌舞劇院，一九七一年又回吉林市歌舞團任獨唱演員。一九七二年師從於瀋陽音樂學院聲樂系教授李洪賓。

一九五四年，她隨中國人民志願軍歸國慰問團赴天津、北京、南京、上海、福州、廈門、東山島等地演出，擔任獨唱，並在小歌劇中任主演。一九五七年，她參加中國人民解放軍東北軍區文藝會演，演出小歌劇《哥倆好》獲表演獎。一九五九年隨吉林省藝術團赴朝鮮演出，擔任獨唱。一九六○年為歡迎周恩來總理及鄧小平副總理先後到吉林視察，演出過獨唱及二重唱節目。一九七三年為迎接西哈努克親王來吉，吉林市歌舞團與延邊歌舞團聯合演出，她擔任獨唱。

秦茵是國家一級演員，中國音樂家協會會員，曾任吉林省音樂家協會理事、吉林省少數民族聲樂學會會長、吉林市音樂舞蹈家協會副主席。多年來曾

主演歌劇《為誰打天下》《白毛女》《紅霞》《紅珊瑚》《貨郎與小姐》《憤怒的賢良江》《洪湖赤衛隊》《梅河兩岸》等。她演唱過數百首歌曲，保留曲目有《沁園春‧雪》《我愛你中國》《茶花女》詠歎調和《吻之圓舞曲》等。一九八○年舉行首次獨唱音樂會，一九八一年在第四屆長春音樂周上演唱《薇奧麗塔詠歎調》，同年與劉秉義、鮑蕙蕎在吉林市合開獨唱獨奏音樂會。一九八二年在全省新作品演唱會中獲演唱二等獎（一等獎空缺）。一九八七年由吉林省文化廳等五單位舉辦「秦茵獨唱音樂會」，同時召開學術研討會。一九八九年由吉林市政協舉辦「秦茵師生獨唱音樂會」。曾受聘為全國及省、市聲樂比賽評委，各藝術團體聲樂指導。同時致力於聲樂教育，培養出吉林省歌舞團藝術總監姜曉波、東方歌舞團男高音歌唱家肖金聲等一批優秀歌唱家和優秀歌手。一九九八年，榮獲吉林市首屆「松花湖文藝獎」成就獎。

二○一○年，由吉林市文化局、市文聯主辦，市歌舞團、北華大學音樂學院、市音樂舞蹈家協會承辦的「慶賀秦茵從藝六十一週年音樂會」在北華大學音樂廳舉行，老藝術家的風採和情懷，感染並感動著整整三代人。

著名《史記》研究專家——宋嗣廉

　　有這樣一位學者，他的研究成果填補了《史記》研究的空白，開闢了《史記》研究新領域，在國內學術界產生了重大影響。他，就是原吉林師範學院院長、教授，著名《史記》研究專家——宋嗣廉。

　　宋嗣廉（1932 年-2013 年），吉林省德惠人，一九五一年九月從長春師範學校畢業後，被保送到吉林師範專科學校中文科讀書。

　　一九五二年四月分配到吉林市初級師範學校任教，後調到吉林師範學校任教。一九七八年吉林師範學校恢復為吉林師範學院，在中文系從事中國古代文學的教學與研究。一九八七年二月任院長，一九八九年破格晉陞為教授，一九

▲ 宋嗣廉

九二年榮獲吉林英才獎章，享受國務院特殊津貼。

▲ 宋嗣廉

從參加工作到退休的四十六年間，宋嗣廉主要從事師範教育和中國古代文學研究。作為全國《史記》研討會聯絡組成員，多年來他結合教學潛心從事司馬遷及其《史記》研究，取得了重大突破，先後出版了《〈史記〉藝術美研究》《〈史記〉與中學古文》《歷代吟詠〈史記〉詩選》《〈史記〉散論》等多部影響深遠的學術著作，並在《文藝論叢》《社會科學戰線》《吉林大學學報》《陝西師範大學學報》等諸多有影響的學術刊物上發表三十多篇研究司馬遷和《史記》的論文。一九九二年六月，與國內同行專家共同發起、主持了在北京師大、安徽師大、陝西師大、吉林師範學院等地召開的全國性的《史記》研討會。

宋嗣廉還主編出版了《中國古代文學史》（秦漢卷）和《中國師範教育通覽》等幾部教材和工具書，撰寫出版了第一部研究中國演講史的力作《中國古代演說史》。

他不僅是一位造詣頗深的學者，而且還是一位勇於開拓進取的教育行政領導者。他主持實施的「鑄造師魂、陶冶師德、培訓師能——三師教育系統工程」榮獲全國教育成果獎，十二個主題大字至今仍立在北華大學南校區的教學樓上。

吉林市當代詩壇的領軍人物——秋原

二十世紀八〇年代，吉林市的散文詩創作成就幾乎占據了全國的半壁江山。而領軍人物，就是著名詩人秋原。

秋原（1933 年-2011 年），原名宋長遠，出生於遼寧省莊河縣。一九五四年考入東北師大俄語系，歷任《長春》文學月刊編輯，吉林人民出版社編輯，吉林市文化局創作員、歌舞團編劇，《江城》雜誌社詩歌組組長、編輯部主任、副主編。

▲ 秋原

秋原為文學事業付出了畢生心血，成就斐然，出版了詩集《山泉與紅葉》，散文詩集《春潮集》《星星與花朵》《遠去的帆影》《秋天的眼睛》《長高的草帽》《大自然的兒女們》《秋原散文詩選》等著作，其中《星星與花朵》獲一九九〇年吉林省「長白山文藝獎」。一九九八年，榮獲吉林市首屆「松花湖文藝獎」成就獎。

他是吉林散文詩界的一面旗幟。二十世紀八〇年代中期，他在吉林市成立了散文詩學會，主編《江城詩壇》，並以自己的散文詩創作影響、帶動和扶持了一大批作者。他主編的《關東散文詩叢書》，從一九八七年到一九九三年共出版了三輯三十一本。這是繼《黎明》《曙前》之後我國第三套散文詩叢書，確立了吉林市散文詩人在關東散文詩群的地位。他主編的《關東散文詩陣容》，全面展示了吉林市散文詩的創作風貌。

秋原還是一位翻譯家，他翻譯過智利、土耳其、俄羅斯等著名詩人的作品，為中外文化交流做出了突出貢獻。他是中國作家協會會員、中國散文詩學會副主席、吉林市作家協會名譽主席，曾任吉林市作家協會主席。

吉林地域文化集大成者 —— 李澍田

　　一套延續了三十年、出版了一百餘部、總計四千餘萬字、由幾代學者傾心打造的《長白叢書》，堪稱吉林歷史文化寶庫，在文化繁榮發展的今天仍然散發出無盡的能量。而叢書的開拓者，就是原吉林師範學院歷史系主任、古籍研究所所長李澍田。

　　李澍田一九三四年出生於吉林省懷德縣，字子耕，號霖之，筆名書田等。一九五一年考入東北師範大學歷史系，一九五五年留校工作，一九七八年轉入吉林師範學院歷史系，歷任講師、副教授、教授及教研室主任、系主任、所長等職。

　　早在東北師範大學讀書和任教期間，他就有計劃地積累了大量東北文獻資料。從一九八一年開始，他在繁忙的教學工作之餘，遍訪東北各大圖書館，並

▲ 李澍田

遠赴京滬等地，幾度寒暑，得書三千餘種。一九八三年，全省古籍整理工作開始，他受省高教委的委託擔任省高校古籍整理的組織領導工作。以此為契機，他制定了《長白叢書》一整套編纂規劃，並得到教育部的批准。

《吉林通志》《永吉縣志》《東三省政略》《中國東北通史》《西團山文化研究》等文獻整理系列和研究系列著作陸續推出，在國內外學術界引起強烈反響。他在任期間，主編《長白叢書》初集至四集四十種、研究系列專著四種，《長白學圃》學術期刊六期。僅僅五年時間，就打出了《長白叢書》的「半個天下」。此外，他還有《東北史地文獻要略》《吉林方志大全》《東北文獻辭典》《海西女真史料》《東北經濟史國際學術論文集》《中華魂》等著作出版，公開發表學術論文三十餘篇。

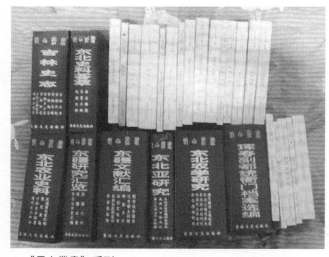

▲《長白叢書》系列

拍攝全國第一套霧淞郵票的攝影家
——鄒起程

　　一九九五年，國家郵政局選定「寒江雪柳」和「玉樹瓊花」兩幅霧淞照片，作為全國第一套地方特色郵票《吉林霧淞》的主圖，印製後在全國發行。這兩幅照片的拍攝者，就是吉林市著名攝影家鄒起程。

　　鄒起程，一九三四年出生於湖南瀏陽，曾是一名戰地攝影記者，一九五八年轉業到吉林市後，對晶瑩剔透的霧淞一見鍾情。二十世紀八〇年代，在吉林市中國國際旅行社工作的鄒起程開始集中拍攝霧淞。

　　《寒江雪柳》拍攝於一九八五年一月，他和香港著名攝影家陳復禮一起來到松花江畔，意外發現了這一景色，但只拍了兩張；《玉樹瓊花》拍攝於一九八九年一月，這次他一口氣拍了兩個膠卷。如今拍攝地的原生態景觀已被破

▲ 鄒起程

▲ 全國第一套霧淞郵票

壞，兩幅照片定格下來的景緻成了絕景，幸好得以在「國家名片」上永恆。

鄒起程對吉林霧淞熱戀了幾十年，拍攝了幾十年，僅發表在中外刊物上的照片就達幾百幅。他把江城的絕世景觀傳遍了海內外。

鄒起程是中國攝影家協會會員，曾任吉林省攝影家協會理事、吉林市攝影家協會副主席。早在一九八二年，他的攝影作品就榮獲過國際攝影比賽的銀獎，其後作品連續入選中國攝影家協會舉辦的攝影展、香港大眾攝影會第十二屆國際攝影沙龍、香港中華攝影學會第二十七屆國際攝影展、香港沙龍影友會第十九屆國際攝影沙龍、第十屆吉林省攝影藝術展等各類大展，並被多部吉林風光明信片選用。

二○一一年，鄒起程榮獲吉林省攝影家協會頒發的紀念吉林省攝影家協會成立五十週年「吉林攝影功勳獎」。

▍藝高德勳的舞美藝術家——呂也厚

▲ 呂也厚

　　「文華獎」是國家文化部設立的專門用於獎掖專業舞台表演藝術的國內最高級別的政府獎。吉林市藝高德勳的舞美藝術家呂也厚是我國首位文華大獎「三連冠」得主。

　　呂也厚（1936 年-1998 年），出生於上海。一九五七年畢業於東北美術專科學校，此後在吉林市從事舞台美術專業三十餘年。歷任吉林市話劇團舞美設計、吉林市歌舞團團長、吉林市藝術研究所所長兼黨支部書記，是中國戲劇家協會會員，中國舞美學會常務理事及特聘顧問，吉林省舞美學會副會長，國家一級舞美設計師，吉林省特等勞動模範和有突出貢獻的專業技術人才，享受國務院特殊津貼。

　　呂也厚從事舞台美術生涯三十餘年，探索出一條由寫真向寫意、由寫形到寫神的創作道路，體現了鮮明的藝術個性、深厚的文化底蘊和強烈的時代氣息。他創作了一大批藝術水準高、在業界頗有影響的舞美作品，如《魂繫黃龍府》《高高的煉塔》《鐵血女真》等，其舞美專業成就在國內外享有盛名。一九九八年，榮獲吉林市首屆「松花湖文藝獎」成就獎。

　　一九九二年八月十一日至十三日，由中國舞台美術學會、吉林省文化廳、吉林省藝術研究所、吉林省戲劇家協會、吉林省舞台美術學會、吉林市文化局、吉林市藝術研究所聯合舉辦的「呂也厚舞台美術研討會」在長春召開。同時舉辦的呂也厚設計展覽，受到了與會專家的一致好評和肯定。

　　呂也厚一生對吉林省、吉林市的舞台藝術事業做出了巨大的貢獻，培養了一大批舞美人才。

▌新中國演講事業的開拓者——邵守義

　　他第一個倡導新時期的演講學研究，第一個在大學裡開設演講課，舉辦並主持了我國歷史上第一次高校演講學研討會，撰寫出版了新中國第一部演講學著作，創辦了第一個專門研究提高口語表達能力的雜誌，主持舉辦了第一次全國性大型演講比賽……他就是新中國演講事業的開拓者邵守義。

　　邵守義（1937 年—2009 年），出生於吉林省東遼縣。一九五六年考入天津師範大學中文系，一九五九年參加工作，曾在天津、吉林的幾所中學任語文教師，後被調到吉林市工人文化宮搞創作。吉林師範學院恢復招生後，他調到學院任寫作課教師。在教學工作中，他逐漸認識到口語訓練對師範畢業生的重要性。正是他當年的一個突發奇想，填補了一項國內空白——演講課走進了大

▲ 邵守義

學課堂。

一九八二年，邵守義與他人合作的第一篇演講學論文——《應該讓演講學獲得新生》，吹響了新中國演講事業發展的第一聲號角。他憑著那股敢為天下先的勁頭，編

▲《演講與口才》雜誌

寫教材，登上講台，成為新中國第一位演講學教師、教授。

從一個普通的中文系講師，到著名的演講理論家、演講家和演講教育家，邵守義走出了一條傳奇之路。一九八三年七月一日，由他主編的《演講與口才》創刊了，不久就躋身全國名刊之林，發行量長期保持在百萬份左右。他被譽為「中國報刊界的拚命三郎」和「期刊界的改革家」，並被評為全國百佳出版工作者，入選中央電視台「東方之子」，被《人物》雜誌列為封面人物。二〇〇九年八月，在他已經去世後，還被國家新聞出版總署提名為「中國百名優秀出版企業家」候選人。

邵守義在演講事業中不斷開拓，在學術上也不斷進取。一九八六年，他撰寫的《實用演講學》由中國青年出版社出版，被譽為新中國演講學理論的開山之作，許多大專院校把它作為演講學教材。多年來，他策劃、主編、合著、獨著出版了百餘部學術著作，在演講界產生深遠影響。他發起和組織了三十餘次全國性的演講比賽，使電視演講大賽在全國蔚然成風。他創辦的吉林演講交際刊授學院、函授學院和吉林傳播專修學院，為國家、省、市、縣各級廣播電視媒體培養了上千名優秀主持人。

▌著名關東作家──王宗漢

　　他以頻頻獲獎的小說與影視作品享譽全國，對他本人及作品的研究成果已經列入遼寧大學、吉林師範學院中文系教材，遼寧省理論界把他的創作作為一種文化現象進行專題討論與研究，全國許多報刊發表了數百篇關於他的評論文章。他就是著名關東作家王宗漢。

　　王宗漢（1938 年-2013 年），出生於吉林省磐石市。高中畢業後返鄉務農，曾任《長春》《江城》雜誌編輯，吉林市作家協會主席，吉林省作家協會副主席，吉林市文聯副主席，吉林市文化局副局長。

　　他是憑小說走出鄉村的，又因小說頻頻回到鄉村。他的創作專注於農村題

▲ 王宗漢

材，是一位備受關注的黑土地上的「農民作家」。從事文學創作四十年來，發表長篇小說六部、中篇小說五十六部、短篇小說二百餘篇，共計五八〇萬字。根據小說改編的電影、電視劇一五六部（集）。代表作有長篇小說《關東響馬》《馬賊的妻子》《末代馬賊》《齊寡婦的桃花運》《荒村的鼓聲》，電影文學劇本《關東大俠》《山鬼》《遊魂》《昨日風情》，電視連續劇劇本《雪野》《荒野》《情債》等。

王宗漢植根厚重豐腴的生活土壤，襟懷真摯的人文理想和崇高的悲憫情懷，熟稔文學創作規律，恪守現實主義創作道路。作品通篇散發著濃郁的生活氣息、深邃的哲學沉思和激情四溢、樂觀向上的陽剛之氣，深受廣大讀者、觀眾的喜愛，在文壇享有極高聲譽。

二〇〇一年，王宗漢被授予吉林市第二屆「松花湖文藝獎」成就獎，他的作品多次榮獲國家級大獎和吉林省「長白山文藝獎」。他的短篇小說《高潔的青松》是新時期「傷痕文學」的代表作之一。長篇小說《齊寡婦的桃花運》獲首屆中國大眾文學獎、吉林省少數民族文學獎，根據該小說改編的評劇《風流寡婦》獲第四屆全國優秀劇本獎。電視連續劇《雪野》獲全國電視劇「飛天獎」一等獎，《荒野》獲「飛天獎」二等獎和建國四十週年影視劇本創作獎，《冬暖夏涼》獲「飛天獎」三等獎。

王宗漢是國家一級作家，中國作家協會會員，吉林省作家協會第六屆、第七屆副主席，曾先後被評為吉林省文學藝術期刊榮譽編輯，吉林市有突出貢獻的專業技術人才、勞動模範，享受國務院特殊津貼。

江城考古學界代表人物──董學增

作為吉林市申報國家歷史文化名城的倡議者、參與者和申報報告的起草者、申報成功之後的宣傳者，市博物館研究員董學增十年間撰寫發表有關吉林市歷史文化方面的文章二十餘篇。

董學增，一九三五年生，十七歲時因家境貧寒從高中輟學，被推薦到吉林省人民政府文教廳秘書科工作，不久成為剛開館的吉林省博物館講解員，參加了一九五二年底到一九五三年初在瀋陽舉辦的「東北博物館文物、博物館幹部訓練班」和一九五五年由國家文化部文物事業管理局、中國科學院考古研究系和北京大學聯合舉辦的第四屆「中國考古工作人員訓練班」。

一九六二年初，董學增調回吉林市展覽館（市博物館前身）工作至退休。

▲ 董學增

四十多年間，他跑遍了通化、延邊、長春、吉林所屬的全部市縣以及四平和白城的部分市縣（旗），參加了全國第一次、第二次文物普查，總共調查了數百個古遺址和數十座古城址，並且採訪了近現代歷史知情人數十名，徵集和發掘文物上萬件，編寫出版了《吉林史蹟》，總纂了《吉林市郊區文物志》《舒蘭縣文物志》《蛟河縣文物志》，主持、參與出版了《吉林市沿革與大事》《吉林市文物博物館志》《吉林市考古文博論集》《吉林市志·文物志》《西團山文化研究》等二十六部著作，在《文物》《考古》《考古學報》《考古學集刊》《中國博物館》《中國文物報》等報刊發表文章二百餘篇。

近年來，已經退休的董學增仍然投身於吉林考古學術研究工作之中，參編、主編了《扶餘王國論集》《扶餘王國論集續編》，並歷時十年時間撰寫出版了《扶餘史蹟研究》《吉林文物考古文集》。因為他的學術研究成果，吉林市作為扶餘王國的歷史中心和研究中心的地位得以確立。

董學增是吉林市考古學界的標誌性人物。一九八五年，他被評為全國首屆文物博物館系統先進個人，受到文化部的表彰；二〇〇九年，他被市委、市政府確定為新中國成立六十週年吉林地區六十名英模人物之一。

江城京劇名旦——小白玉豔

　　一九六〇年七月七日，北京中南海上演了吉林市京劇團原創京劇《龍潭燕》，主人公龍潭燕的扮演者是京劇名旦小白玉豔。此次演出是為慶祝新中國成立十週年而編排的獻禮劇目。時任國務院副總理李富春、中央統戰部部長李維漢、文化部副部長齊燕銘以及國務院各部門的領導觀看了演出。

　　小白玉豔一九三六年出生，原名王鳳燕，湖南常德人。十三歲從藝，在上海拜師白板安學旦行。十四歲登台，隨其師組成白玉豔京劇團到江、浙、滬、津、漢及南昌等地演出。其間從李琴仙、曹和雯等學演了四大名旦各流派的名劇。

　　小白玉豔嗓音甜潤響亮，演唱吐字清晰，嚴守字韻，板頭平穩，抑揚有

▲ 小白玉豔演出劇照

致。尤其繼承了白玉豔的演出風格，常在一場演出中前後文武雙出，或在一齣戲中「一趕三」，她的「打出手」十分精彩，以穩健利落而聞名藝苑。

一九五六年，小白玉豔加入吉林市京劇團，成為旦行主要演員，並加入中國戲劇家協會。

一九五七年以《梁紅玉擂鼓戰金山》和《雌雄鏢》二戲參加吉林省戲曲會演。

一九五八年主演《游擊英雄》（即《新兒女英雄傳》）《二七風暴》（飾陳桂貞）《柯山紅日》（飾黃英）等現代戲。

一九五九年主演神話故事劇《龍潭燕》，進京演出時名聲大噪，其後拜梅蘭芳、荀慧生為師，演藝更為精湛。

一九七八年，小白玉豔調入吉林省京劇團，演出過《三盜芭蕉扇》，並為戲曲片《火焰山》擔任藝術指導。

小白玉豔演出的劇目還有《扈家莊》（飾扈三娘）《穆桂英大破天門陣》（飾穆桂英）《玉堂春》（飾蘇三）《勘玉釧》（飾俞素秋）等，塑造出一個又一個經典型象。

著名歷史小說家——馬昭

　　二十世紀七〇年代，他的長篇小說《醉臥長安》風靡全國；二十世紀末，他的長篇小說《世紀之門》一時「洛陽紙貴」。作家馬昭以他史詩般的規模和氣度改變了東北文化中歷史感薄弱的狀態，代表著東北文學中歷史敘事的崛起。

　　馬昭（1940 年-2006 年），吉林市人。一九五九年畢業於吉林市第二中學，一九六〇年參加工作，歷任江城日報社記者、連雲港市文聯專業創作員、吉林市文聯專業作家。他在一九六二年發表處女作《鄉柳》，即以文筆雋永受到省內外文壇的關注與好評。報告文學《心願》被選入一九六四年《中國新人新作選》第三集。

　　一九七八年，馬昭開始歷史小說的創作，第一部是以唐代詩人李白為題材的《醉臥長安》，出版後引起廣泛關注，毫無爭議地獲得了遼寧省一九八一年優秀圖書獎、吉林省小說獎。接下來有《草堂春秋》，以杜甫為題材；《浪蕩子》和《真男子》，分別以徐渭和海瑞為題材。他用小說的形式對中國知識分子的命運作了深層揭示。三十年來，他推出長篇歷史小說、紀實文學、傳記作品七部，歷史專著兩部，總計五百餘萬字。

　　從一九九一年開始，馬昭歷時五年，完成了反映辛亥革命的長篇紀實小說《世紀之門》的創作。一九九八年十月，共三冊、一百二十萬字的《世紀之門》隆重上市。不久，第四屆「東北文學獎」在哈爾濱揭曉，《世紀之門》獲長篇小說一等獎。二〇〇五年，馬昭榮獲吉林市第三屆「松花湖文藝獎」成就獎。

▲ 馬昭

用鏡頭記錄鐵路變遷的攝影家——鄒毅

他用光與影的史詩，記錄中國鐵路改革開放三十年波瀾壯闊的樂章。觀賞他拍攝的一幅幅照片，就如同親歷一部濃縮的鐵路發展史。這是鄒毅的攝影作品選《鐵路情懷》所表達出的意蘊悠長的情愫。

鄒毅生於一九四七年，吉林省舒蘭市人。一九六六年參加工作，成為瀋陽鐵路局新站工務段的一名養路工。他在這個崗位上，沿著長長的鐵道線，踏著根根枕木，頂著嚴寒酷暑，一幹就是十四年。一生的鐵路情懷也由此綿延開來。

▲ 鄒毅

一九六九年，鄒毅開始學習攝影。他把鏡頭對準了熟悉的小站，對準了火熱的生活。鐵路是他成長的搖籃，是他創作的源頭活水。這些以黑白照片凝固下來的寶貴的鐵路記憶，雖發乎於鄒毅的鏡頭，卻引起了一代又一代觀賞者的共鳴。隨著時代的不斷前行，這些光影瞬間會愈發珍貴。

一九八五年，鄒毅以優異的成績考入魯迅美術學院攝影系，登上了令人嚮往的藝術殿堂。從「魯美」畢業後，鄒毅如虎添翼，創作視角更加開闊。白雪茫茫的長白林海，玉樹瓊花的松花江畔，風雪迷漫的東北雪鄉都留下了他艱苦跋涉的足跡。他的冰雪攝影作品，構圖簡潔而不失奇妙、樸實大方而蘊含靈動。他把吉林冰雪文化推介給影友，傳遞給世界！

四十多年來，他有四百餘幅攝影作品在國內外大型影展和影賽中入選、獲獎。其中，《山居圖》在香港第二屆國際影展中獲亞洲聯盟銀獎；《雛燕展翅》

▲《鋪路石》鄒毅 攝

獲中國攝影家協會舉辦的第八屆冬運會影賽金獎;《待發》獲中國弱光攝影比賽一等獎、第九屆國際尼康杯影展三等獎,併入選上海第四屆國際影展;《鋪路石》獲東北三省第十一屆影展金獎、吉林省第十一屆影展金獎,併入選全國第十四屆影展;《寒鴨數點》《情繫藍天》在全國冰雪影賽中分別獲金獎、銀獎。一九九八年、二〇〇二年分別獲吉林省「長白山文藝獎」和吉林市「松花湖文藝獎」;二〇一〇年獲吉林市第五屆「松花湖文藝獎」成就獎。已出版《鄒毅攝影作品集》《吉林霧淞》《冰雪攝影》《吉林霧淞攝影指南》等多部著作。

中國霜花攝影第一人——朱乃華

捲曲遒勁的松，蓬鬆招展的菊，亂枝簇擁的梅，長葉穿插的蘭，在一幅幅畫面中生動地再現。這不是丹青繪出的國畫，而是鏡頭裡的攝影作品，是以霜花為原型，進而象形為中華「四君子」的系列攝影作品。其創作者，就是吉林市攝影家協會原主席朱乃華。

朱乃華從小喜愛攝影，那是一顆童心對大千世界的迷戀，也是對手中照相機神奇功能的強烈好奇。照相機從少年時代開始陪伴他，走過了半個多世紀。

▲ 朱乃華

三十多年前，當他的心被凝結在窗戶上的霜花所震撼時，一種拍攝霜花的強烈興趣油然而生。霜花隨著氣溫的高低、風力的大小和風向的變化，幻化出千姿百態的奇妙圖案，拍攝出來的作品，竟沒有一幅是相同的。從此，霜花成為他照相機快門前永不消逝的物像。一九九一年他出版了《霜花集萃》作品集，借用一窗霜花，為人們幻化出藝術的大千世界。

朱乃華的攝影題材非常寬泛，攝影作品屢次獲獎。一九八六年《飛人》獲全國第十四屆影展銀獎；一九八七年《飛人》獲吉林省「長白山文藝獎」作品獎；一九八八年《古窯》獲中國農村攝影大獎賽金獎；一九八八年《霜花（組照）》獲全國第十五屆影展藝術風格獎；二○○二年舉辦《第三隻眼》攝影藝術展；二○○三年被中國攝影家協會授予「德藝雙馨攝影藝術家」稱號；二

▲《霜花》朱乃華 攝

○○七年《我的太陽》獲全國第二十二屆影展銅獎。

二十世紀九○年代初開始，他受吉林市檔案局委派，承擔了全市重大活動的拍攝任務，先後完成了三十多位五千多幅黨和國家領導人來吉林市視察的拍攝工作，二○○八年出版《難忘的瞬間──國家領導人來吉林市》攝影集。同時，還參與了吉林市申報中國歷史文化名城、國家園林城市、中國魅力城市照片的拍攝，以及吉林市「清水綠帶」、樺甸肇大雞山國家森林公園和白山湖、紅石湖風光片的拍攝。

《印象六○──朱乃華專題攝影藝術集》被吉林市檔案館、吉林市圖書館、吉林市博物館收藏；反映吉林市「清水綠帶」工程的百米攝影長卷《江城覽勝圖》被吉林市檔案館收藏。

朱乃華把對社會、對生活、對家鄉的深厚情感濃縮在小小的鏡頭中，形成了自己特有的創作風格。他以藝術家的獨特視角，關注民生，關注社會，體現了和諧曠達的人文理念和崇高的思想境界。

被譽為「短篇王」的小說家──郝煒

在國內文壇，郝煒是個奇特的作家。他寫過詩歌，卻以小說成名；他被譽為「短篇王」，長篇也備受矚目；他是吉林市小說的領軍人物，更是全國輕散文寫作的首倡者和踐行者。

郝煒（1957 年-2014 年），吉林市人。當過知青，做過教師。一九七九年畢業於吉林師範學院中文系，長期在江城日報社從事新聞工作和文學創作。二〇〇九年加入中國作家協會，任吉林市作家協會副主席。

郝煒的創作，有一種日常的審美情趣，有一種從容的達觀心境，有一種體驗與表達的真

▲ 郝煒

摯細膩，有一種對人間善良與美好的情感的敬畏之心。他用其幾十年孜孜以求的創作成果，奠定了他在吉林省乃至中國文壇不容忽視的地位。

郝煒先後出版了多部詩歌和小說作品集。近年來，更是以短篇小說所取得的令人信服和矚目的成就，躋身中國文壇，享有「短篇王」之美譽。他在《人民文學》《北京文學》《上海文學》《作家》等多家雜誌上發表了大量的小說作品，四次被《人民文學》重點推介，有十幾篇作品被《小說月報》《小說選刊》轉載，作品先後被收入《二〇〇〇年中國年度最佳小說選》《中國短篇小說精選》《中國愛情中篇小說選》《建國五十年吉林省文藝作品選（文學卷）》等重要選本。

一九九九年七月，吉林省文聯、吉林省作協聯合為郝煒的小說召開研討會。郝煒先後獲得吉林市第二屆「松花湖文藝獎」作品獎、吉林市首屆「玫瑰花」獎、吉林省首屆文學獎、吉林省文學創作獎、吉林省「長白山文藝獎」

（2002 年-2004 年）。

二〇一四年，他以長篇小說《匿名》再次獲得吉林省「長白山文藝獎」
（2010 年-2013 年）。二〇一二年，郝煒被吉林市委、市政府授予「感動江城
人物」稱號。

郝煒雖然涉獵過多種題材，但主要還是善於寫都市日常生活。他在描述一
種變化中的生活，主人公在面對世態變故或機會選擇時，始終處於理智與情
感、靈與肉、取與捨的矛盾糾纏之中，或身不由己，或沉淪掙扎，用尷尬與無
奈演繹人生的苦澀與悲哀。「社會生活的特殊形式可能會成就人類的普遍渴
望，也可能阻礙人類的普遍渴望，在成就或阻礙的過程中有力地形象地塑造
它。」──這就是郝煒小說努力追求和所要達到的。

除了較為輝煌的小說創作，郝煒還率先在國內散文界引入「輕散文」的概
念，引起重大反響。他的散文集《釀葡萄酒的心情》《半夢半醒之間》，便是
這種創作實踐的具體載體。他認為這不僅僅是一種文體的嘗試，所倡導的其實
是一種精神和主張──精短而樸實的寫作。他的創作和理論，被諸多國家頂級
評論家予以首肯，並確定了其「輕散文」的寫作地位。

中國表現主義畫派領軍人物 —— 賈滌非

二〇一三年八月，由中央美術學院油畫系教授、吉林市籍畫家賈滌非創作的大型壁畫《松江萬古流》在吉林市博物館揭幕。至此，該館又增添了一件歷史文化底蘊豐厚的「鎮館之寶」，而江城百姓也多了一件回望歷史、仰觀經典的藝術珍品。

《松江萬古流》是賈滌非歷時一年時間創作完成的，是一部波瀾壯闊、蕩氣迴腸的史詩交響。諸多江城文化符號的匯聚，數千年文明發展進程的

▲ 賈滌非

濃縮，彰顯著畫家強大的敘事能力、高超多樣的藝術表現手法及其浩蕩寬闊的胸襟。

賈滌非一九五七年生於吉林市，一九七三年考入吉林省藝校（吉林藝術學院前身）學習繪畫，畢業後留校任教。一九七九年至一九八三年在魯迅美術學院油畫系學習。二〇〇一年，在短暫任教於深圳大學藝術學院後，又以中央美術學院油畫系第四工作室教授的身分，潛心藝術創作至今。

身為中國表現主義畫派的領軍人物之一，從二十世紀八〇年代開始，賈滌非就以個性化的風格揮灑對自然和生命的想像。畫面中強烈的色彩對比、繁密而流動的線條，構成難以捉摸的奇異景象。從早期的《葡萄園》系列、《收穫的季節》，到近年來的《斑馬線》《桑拿圖》和《尷尬圖》系列，都瀰漫著濃郁的現實主義氣息和悠長的意蘊。

幾十年來，賈滌非的許多作品在國內畫壇屢獲殊榮：第六屆全國美術作品

展銀獎、第二屆中國油畫展優秀作品獎、中國油畫批評家提名獎……還被中國美術館、上海美術館、香港大學美術博物館、台灣高雄美術館等多家美術館收藏。出版《素描集》《油畫作品選》《中國現代藝術評論叢書——賈滌非》《繪畫隨想》《當代畫家風格素描系列——賈滌非素描》《繪畫的行進》《賈滌非》等多部作品集。

▲ 壁畫《松江萬古流》局部

▌中國畫壇百傑之一——袁武

　　全國第七屆美展銅獎、第八屆美展優秀獎、第九屆美展銀獎、第十屆美展金獎。這不是畫家袁武所獲得的全部獎項，但描繪了他所走過的藝術之路和未來的藝術藍圖。

　　袁武，一九五九年九月生於吉林市，上山下鄉時開始學習繪畫，臨摹《芥子園畫譜》山水卷和有影響的國畫，喜歡劉奎齡、劉繼卣、李琦、楊之光的人物畫和動物畫，以及於非闇的工筆花鳥、王叔暉的工筆人物。一九八〇年九月考入東北師範大學美術系，畢業後到榆樹縣師範學校任美術教員，創作了第一批反映東北農村生活的國畫作品，其中《小鎮待業者》入選「前進中的中國青年美術作品展」。此後，調入長春書畫院任專職創作員，作品相繼入選吉林省青年美展、吉林省美展、東北三省國畫展、全國美展，並連連獲獎。

▲ 袁武

一九九一年，在日本東京與日本書法家北村舉辦書畫聯展，並赴日本參觀訪問；一九九二年，進入中央美術學院國畫系進修，次年考入該校，師從姚有多學習寫意人物，一九九五年獲碩士學位，到解放軍藝術學院美術系任教。他遊覽各地寫生，到多個國家辦展訪問，藝術水平得以提高。相繼捧回加拿大首屆「楓葉杯」國際水墨畫大賽金牌獎、全國首屆中國畫人物大展優秀獎、「當代中國青年書畫展」一等獎、全軍美展優秀獎、「慶祝澳門回歸」中國藝術大展優秀獎、首屆中國美術「金彩獎」銀獎（金獎空缺）、紀念反法西斯抗戰勝利六十週年全國美展優秀獎、第三屆國畫大展優秀獎等大獎。一九九七年被全國文聯授予「中國畫壇百傑」稱號。

袁武現任北京畫院常務副院長，中國美術家協會理事，享受國務院特殊津貼，是國家重大歷史題材美術創作工程的貢獻者。二〇一二年當選中國美術家協會第四屆中國畫藝術委員會副主任。出版《袁武新作品集》《袁武中國畫寫生集》《袁武國畫作品選》《當代中國美術家檔案——袁武卷》等。

▲《綠肥紅瘦》袁武 作

▊用音樂為影視鑄魂的作曲家——李戈

　　《夕陽山頂》是電影《黃河絕戀》的主題曲，因曲調醉人而令人百聽不厭，並經常被央視電影頻道作為頒獎晚會的背景音樂。那悠揚、淒美的小提琴聲，蔓沿著一種震撼的情愫；那婉轉綿長的音符，彷彿能穿透觀眾的心扉……

　　這首作品榮獲第十九屆中國電影「金雞獎」最佳音樂獎，它的作者是著名音樂製作人、國家一級作曲李戈。

▲ 李戈

　　李戈，一九六一年生於吉林市。從小酷愛音樂，先學習小提琴演奏，後改學作曲。一九八〇年以突出的專業成績被瀋陽音樂學院附中破格錄取，師從房鴻明開始系統學習作曲基礎理論。一九八二年以優異成績順利考入瀋陽音樂學院作曲系，師從全國著名作曲家（瀋陽音樂學院原院長）秦詠誠。畢業後，在吉林電視台文藝中心任編導與作曲。

　　一九九八年李戈辭去電視台工作，舉家到北京發展，專門從事影視音樂創作和製作。新世紀初，他攜著精湛的團隊成立了「北京霧淞影視發展有限公司」，親任總經理、音樂總監，推出了很多大家耳熟能詳的影視音樂精品。曾在《紅河谷》《黃河絕戀》《紫日》《舉起手來》《信天游》等十餘部電影和《中國兄弟連》《馬本齋》《任弼時》《牽動我心》《情深深雨濛濛》等四十餘部電視劇中擔任作曲。尤其還創作了動畫片《人參王國》的片頭曲《人參娃》和片尾曲《長白山傳說》，以寄託對故土的一片深情。

▌二人轉「四大名丑」之一——佟長江

▲ 佟長江

　　二〇一二年，國家一級演員佟長江被吉林市委、市政府授予「感動江城人物」稱號。這個已榮獲眾多國家級大獎的藝壇常青樹，卻格外看重這個市級獎項。他憑藉著對家鄉的摯愛，讓二人轉帶著鄉土的厚重與松花江的靈動走向觀眾，並以藝術和人格鑄就了一座城市的文化標記。

　　佟長江一九六五生於吉林市昌邑區新立鄉，表演樸實無華，嗓音得天獨厚，自二十世紀八〇年代初在二人轉界嶄露頭角後，演唱水平日臻成熟，形成獨特的藝術風格。他表演的二人轉，曾數次獲省級一等獎、國家級一等獎，而且屢登頭獎榜首。近二十年來，在深入省內外廣大城鄉演出中深受觀眾歡迎，贏得業內專家的首肯。

　　一九九八年，他演出的二人轉《胡知縣斷案》獲吉林省第十四屆二人轉新劇目評比表演一等獎後，被國家文化部評為「文華新劇目獎」，並獲中國曲藝「牡丹獎」。二〇〇二年參加全省首屆二人轉・戲劇小品藝術節，他表演的二人轉《劉安殺母》獲藝術節唯一一個特等獎，被評為二人轉「四大名丑」之一。二〇〇八年，吉林省文化廳、吉林省文聯授予他「二人轉藝術家功勛卓著」成就獎。二〇一二年，他在中國曲藝家協會組織的「送歡笑到基層」文化惠民活動中表現突出，榮獲「先進個人」稱號。

　　佟長江的代表作品有《胡知縣斷案》《皇親夢》《天宮盜寶》《深宮慾海》《新雙回門》等。尤其是《胡知縣斷案》，每場演出都能傾倒所有觀眾。他以純真、綠色、細膩的表演，奠定了吉林市作為東北二人轉藝術中心的地位。

▍二人轉「四大名旦」之首──閆學晶

　　從二人轉起步，因影視而成名，這是國家一級演員閆學晶走過的藝術之路。作為當下吉林市籍最為知名的演藝明星，閆學晶連同她身上的地域標籤可謂家喻戶曉、婦孺皆知。

　　閆學晶一九七二年生於吉林省東遼縣，十五歲考進當地業餘小劇團，踏上演藝之路。幾個月內，她學會了劇團所有的演出劇目，人稱「戲耙子」。一九八九年，閆學晶考入吉林省戲曲學校地方戲科。入學第二年，她代表學校參加吉林省會演，表演二人轉《劉秀坐樓》，獲表演一等獎。

　　一九九二年戲校畢業，閆學晶來到吉林市評劇團。一九九四年第一次演出評劇《多彩的夢》，獲「紀唸成兆才誕辰一二〇週年暨全國評劇新劇目交流演

▲ 閆學晶

出」配角一等獎。一九九八年，閆學晶重返二人轉舞台，參加吉林省第十四屆二人轉新劇目推廣會，在《胡知縣斷案》中表現出色，征服了所有評委，摘取表演一等獎。二〇〇〇年，該劇目被國家文化部授予「文華新劇目獎」，閆學晶獲文華表演大獎。那幾年，她主演的戲曲電視劇，參加中央電視台中秋晚會、春節戲曲晚會演出，都頻頻獲獎，被評為吉林省「四大名旦」之首。二〇〇六年，她榮獲第四屆中國曲藝「牡丹獎」表演獎。

獲得首屆「趙本山杯」二人轉大賽金獎是閆學晶演藝事業上的一個轉折點，從此她步入影視界。二〇〇一年拍攝的電視連續劇《劉老根》是她的成名作，劇中直率、純樸的「山杏」令人印象深刻。十幾年來，她出演的電影、電視劇和二人轉、小品多達百餘部，推出經典歌曲三十餘首，多次走上央視春晚的舞台。

第四章
———

文化景址

在這片神奇的土地上，無論是滄桑的遺址古建還是旖旎的風景名勝，抑或是韻律感極強的現代地標，都一同賦予了這座城市生動和厚重、典雅和大氣，使這座塞外古城不僅沒因地遠天偏而被忽視，反而因獨特的內涵及地域風貌而名動一方。

數千年沉浮，幾百年歷練；如詩的歲月，如歌的行板；老城舊事，新城別韻……交相輝映，共同印證。逆時光之流回溯，我們不僅能看到一部濃縮的人類發展史，還能清晰地看到這一方水土養育的一方人的智慧與秉性。

樺甸壽山仙人洞舊石器時代遺址

在地球北緯四十度附近，不經意地聚集了太多的神祕與有趣，太多的巧奪天工，以及太多的自然天象。恰巧，處於北緯四十二度至四十四度間的古城吉林市就臥伏在這條奇妙的緯線旁，以一己的神奇和獨特躍入世人眼簾。

吉林市是人類在東北較早棲息和開發的重要地區之一。在漫長的人類歷史進程中，我們的祖先留下了許多文化遺產，樺甸壽山仙人洞，就是目前吉林地區最早的人類居住地。經有關專家鑑定，這是一個距今兩萬年前的舊石器時代遺存，對東北地區的古人類研究具有極為重大的意義。壽山仙人洞遺址是吉林省唯一一處保存較為完整的舊石器時代古人類洞穴遺址，被稱為東北考古第一洞。

壽山仙人洞遺址位於樺甸市榆木橋子鎮壽山主峰東坡上，全長約三百米。洞內有人類活動堆積的部分可分為前後兩室。前室長約九米，寬敞明亮；後室長約二十五米，呈甬道狀，陰暗潮濕。洞內總面積約一百平方米，洞外有三米長的平台，其下為懸崖，由平台兩側可攀登入室。

該遺址一九八七年被發現，一九九三年由吉林大學考古系、吉林省文物考古研究所進行正式發掘和鑑定，共獲得石製品一九七件，打製骨器十八件，磨製骨器一件，以及大量的動物骨骼化石。

二〇一三年，壽山仙人洞遺址被國務院批准為國家級重點文物保護單位。

▲ 樺甸壽山仙人洞遺址

永吉星星哨新石器時代遺址

　　位於永吉縣岔路河鎮星星哨水庫東岸山腰間的新石器時代遺址，東西長約 100 米，南北寬約 210 米，總面積約為 20100 平方米，是一片古墓群。墓地相對高度約為 60 米。墓葬因山坡起伏不平，無法形成有序排列。一九七四年和一九七六年先後兩次對水庫岸邊已暴露的三十七座墓址進行清理發掘，出土了大量的陶器、石器，還有非常稀少的銅器。一九七八年再次對遺址進行發掘，從遺物及其散布面積看，星星哨遺址距今約三千多年，是吉林地區較大的一處新石器時代遺址，對進一步研究吉林地區原始人類的經濟生活、社會性質及意識形態諸方面提供了非常有價值的資料。

▲ 永吉星星哨石棺墓群近景

龍潭山山城遺址

　　龍潭山位於吉林市區東部，海拔三八八米，百年以上的古樹一三〇多株，是我國著名的城市森林公園，現為龍潭山遺址公園。

　　據考古發現，早在幾千年前的新石器時代，這裡就有人類活動的遺跡。這裡曾是古扶餘國的都城所在地，而龍潭山山城是都城的重要軍事堡壘。現存有山城殘址及水牢和旱牢。

　　龍潭山山城，也稱尼什哈城。「尼什哈」是滿語「小魚」的意思，因龍潭山附近有小河盛產一種小魚而得名。

　　龍潭山山城依山脊而建，城垣憑藉山勢用夯土碎石疊築而成，周長 2396 米，呈不規則多邊形。牆基寬十米，頂寬一至兩米，最高處達十米。牆外側坡多陡立，幾不可攀，形成易守難攻之勢。城牆四角各有一平台基，長二十至二十五米，寬六至九米。曾在此出土紅色粗繩紋瓦，推測當年平台上可能有角樓之類的建築。

　　水牢，也稱龍潭，位於山城西北隅較低處，龍潭山因此得名。水牢實為蓄水池，呈圓角「凸」字形，東西長 52.8 米，南北寬 25.75 米，深 9.08 米。池東、西、北三壁用長四十釐米、寬二十釐米、厚三十釐米的凝灰岩石和花崗岩塊石砌築。北壁東端池沿下一米處，有一石砌洩水洞，可使多餘的池水由此溢出。池水終年不涸，並保持一定的水位，可蓄水近一萬立方米。

　　旱牢位於山城西南隅近山梁處，距水牢四二〇米。用長二十五至二十八釐米、寬二十至二十六釐

▲ 龍潭山牌坊

164

米的長方形凝灰岩和花崗岩塊石砌築。平面呈圓形，周壁直立如削，築於磐岩之上，從不積水。旱牢其實是貯存軍事物資的地窖。

龍潭山山城內曾出土金代泥質輪製黑灰色陶罐三件、陶壺一件、六耳鐵鍋一件、雙耳鐵釜一件。

▲ 龍潭山觀音堂（龍鳳寺）

山上還有建於清代的龍鳳寺、龍王廟、關帝廟等古建群。清高宗愛新覺羅·弘曆東巡吉林時，曾遊覽龍鳳寺，祭祀龍潭，並為觀音堂正殿題寫了「福佑大東」匾額，封一棵「神樹」。此「神樹」現已不存，只剩香爐台殘址。據《吉林外紀》記載，神樹「高九丈餘，徑二尺，上下標直，枝葉剪齊」，民間稱帝王樹。

二〇〇六年，龍潭山山城被國務院批准為國家級重點文物保護單位。

▲ 龍潭山遺址公園

烏拉古城遺址

烏拉古城，即明代海西女真所建立的扈倫四部（葉赫、哈達、輝發、烏拉）之一的烏拉部都城。

西元八世紀，曾在此設屯兵重鎮作為獨奏州；此後則為遼國；再後則為金代咸平路玉山縣境屯兵之所；而真正築成城郭、形成格局，則是在西元十六世紀烏拉國國主布顏修築皇城時期。

古城原址，在今烏拉街鎮舊街村西北一公里的粟末水畔，即松花江畔。到十二世紀中葉，金代海陵王完顏亮天德年間，即西元一一四〇年至一一四四年間，因松花江水患，城郭遷到洪尼這個地方，築城稱洪尼羅城，也叫「哈思呼貝勒城」，即如今的舊街村。自烏拉部首任部主納齊布祿起，經歷了商堅多爾齊、嘉木喀碩朱祜、都爾機、古堆朱顏、太蘭、布顏七代部主；布顏於明朝嘉靖四十年，即西元一五六一年，改烏拉部為烏拉國；此後，又經歷了布顏、滿泰、布占泰、洪匡四代國主，先後經歷十代王。一個小村竟走出十代國王，堪為一奇。

作為烏拉部首府與烏拉國都城時期的烏拉古城，呈四邊形，為夯土分層築就，周長 3232 米。其中，東邊牆 880 米，西邊牆 1040 米，南邊牆 585 米，北邊牆 667 米。牆基寬 15 米，牆高 4 米，牆頂寬二米。設有四門，東西南北各一，相互對應。城牆四角築有角樓，頂端設有箭垛；城牆內緩外陡，門側設有馬道。在布顏為國主時期，對古城進行了新的補修，加固了原洪尼羅城城牆，稱「內羅城」；又繞內羅城北、東、南三面，西面與內羅城相疊，修築了一道套城，稱「外羅城」；然後，又在內羅城的核心部位，修築了紫禁城，即皇宮宮殿。紫禁城，周長 788 米，南北邊牆 204 米，東西邊牆 190 米，呈正長方形，牆基寬 10 米，牆頂寬二米，牆高 4 米，設有四座角樓，一座南門。當年烏拉古城的雄姿，由此可見一斑了。可惜了，這座雄偉巍峨的烏拉古城，毀於西元一六一三年，即明萬曆四十一年。這年農曆正月十七日，努爾哈赤帶兵滅了烏拉國，城池也被一火焚之，全部化為灰燼。

明代阿什哈達摩崖石刻

在吉林市東南十五公里阿什哈達屯松花江北岸山上，有兩處明代摩崖石刻。

阿什哈達為滿語，意為「一山忽然分為二」，斷崖峭壁之意。遺址現存的兩處摩崖石刻詳細記載了明代驃騎將軍、遼東都指揮使劉清三次率領數千官兵、工匠來吉林造船的具體時間。

劉清（？-1442年），字嘉興，安徽省和州人，少年時跟隨父親和兄長起兵，投身於朱元璋反元的隊伍裡。劉清來到東北，正值明朝積極經營黑龍江下游的奴兒干地區，需要大量船隻。他因任遼東都指揮使，轉戍吉林船廠，擔任

▲ 阿什哈達摩崖石刻舊景

造船總兵官，督造巨船。

　　劉清到吉林船廠，先後三次。一次為永樂十九年（1421年）春正月，劉清為紀念造船，在江畔的山崖上刻石題名，即第一塊摩崖石刻；第二次是洪熙元年（1425年），亦失哈率官軍一五○○人遠赴奴兒干，這次劉清領兵造船時間不長；宣德七年（1432年），第二塊摩崖石刻也是劉清的記功碑，是劉清第三次造船時所刻。他帶領官兵、工匠風餐露宿，晝夜趕工，趕造出五十艘巨船。兩千官兵乘船直下松花江的場景，再次展示了明王朝的威武之師，宣揚了朝廷對東北遼闊土地的有效管轄。

　　據考證，阿什哈達摩崖石刻是迄今為止吉林省內發現的唯一一處明代摩崖石刻，是研究明代經略東北的重要歷史遺跡。

　　二○○六年，阿什哈達摩崖石刻被國務院批准為國家級重點文物保護單位。

▲ 阿什哈達摩崖石刻景址

吉林八景

　　吉林有「八景」之說還是清末民初之事。清朝末期，封禁東北的柳條邊廢除以後，大批關內文人墨客客寓吉林省城，使吉林文風盛極一時。可以說，「景」是文人墨客吟詠題銘的產物，是對自然、人文景觀的昇華。

　　「吉林八景」說法有二。

　　其一：「大江彎弓」，指的是松花江蜿蜒南來，與溫德河交匯後折而向東，在東團山前又轉而向北，到尼什哈站附近又奔西北一瀉千里，這一曲曲折折繞城而過的景緻；「德碑夕照」，指的是玄天嶺上清同治年間，為剿匪安民的吉林將軍德英樹的功德碑，沐浴在夕陽的餘暉之中；「藥廟晚鐘」，指的是吉林北山藥王廟夜晚悠揚的鐘聲；「龍潭印月」，指的是龍潭山上的龍潭，每逢十五滿月之時，暗樹深邃，明月當空，月印潭中；「白山鹿囿」，指的是小白山下，為祭祀長白山之神而群養的梅花鹿，呦呦之鳴、奔馳跳躍的情景；「團山

▲ 吉林八景之龍潭印月

雙峙」，指的是吉林城郊東西兩側的東團山和西團山，如「左輔右弼」遙相對峙；「玄觀吊柱」，指的是玄天嶺上玄帝觀（即真武廟），後殿斗姆宮中的懸梁吊柱建築奇觀；「猴石凌雲」，指的是吉林城東北郊猴石山巍峨高聳，如石猴登高眺遠。

　　其二：「松江漁火」，指的是當年松花江上，夜晚乘舟捕魚的點點漁火，陣陣梆聲；「桃源曉日」，指的是桃源山上清晨登高東眺，旭日東昇、霞光萬道的情景；「龍潭勝蹟」，指的是龍潭山上的古城、龍潭、旱牢、龍鳳寺等歷史人文景觀；「北山雙塔」，指的是北山攬月亭之東，玉皇閣之北，晨鐘暮鼓裡，綠樹夕陽中的寬真和尚墓塔；「坎卦孤懸」，指的是玄天嶺上「坎卦圖石」高踞山巔；「靈岩晚鐘」，指的是歡喜嶺附近的靈岩寺夜晚深沉渾厚的鐘聲；「鹿苑遺蹤」，與前文之「白山鹿囿」相同；「天壇孤松」，指的是在今日文廟東側，清代曾置有天壇，其中有一株虯枝蒼勁的古松，自成景觀。

▼ 吉林八景之大江彎弓

吉林清末民初詩人孫介眉又曾歸納整理了「新吉林八景」：「澄閣藏碑」，指的是北山關帝廟的澄江閣內，東牆之上的清吏部尚書大書法家鐵保的「吉林萬壽宮記」珍貴古碑；「斗宮吊柱」，就是吉林八景中的「玄觀吊柱」；「大東龍潭」，就是吉林八景中的「龍潭勝蹟」；「小白鹿苑」，就是吉林八景中的「白山鹿囿」；「夜橋轂聲」，指的是東團山處松花江上橫跨大江的鐵路橋，每當夜深人靜，萬籟俱寂，火車駛過響震林谷；「雀峰插雲」，指的是朱雀山高入雲間，令人望而仰止；「猴石返照」，指的是猴石山怪岩高聳，夕陽西下時山煙沙水，返照豔明；「曉城江氣」，指的是吉林城東萊門外，拂曉松花江上白氣瀰漫。

　　二〇〇七年五月，吉林市人民政府組織有關部門專家學者認定：「龍潭印月」「白山鹿囿」「雀峰插雲」「玄觀吊柱」「坎卦孤懸」「藥廟晚鐘」「攬轡飛虹」「大江彎弓」為「新吉林八景」。

玄天嶺玄帝觀

玄帝觀位於吉林市北極門外的玄天嶺上，玄天嶺是吉林市的四大名山之一。

清雍正五年（1727 年），山東呂祖蓬萊第四代道士廉玉禮，自祖徠山雲遊至吉林，見這裡風光秀麗，得天獨厚，遂在玄天嶺「結草為庵」。此後四處化緣，修行布道，籌集資金，歷盡艱辛，用八年時間於乾隆三年（1738 年）在玄天嶺上修建起一「懸梁吊柱」式的建築，取名玄帝觀，因廟內奉禮真武大帝，亦叫真武廟。

昔時，每年三月初三為真武廟會，九月初九為斗母廟會，信奉道教的善男信女來此進香祀神，誠為古城船廠的一大盛事。每逢良辰吉日，廟門大開，香煙繚繞，進香上供者絡繹不絕。廟會期間，這裡常有戲班子演出，夜晚相距五六里之外可以聽到真武廟的鐘聲，是名副其實的東北道教中心。

玄帝觀最負盛名的是「懸梁吊柱」。「懸梁吊柱」在真武廟後殿的斗母宮內。走進殿門，只見殿上高懸「懸梁吊柱」四字匾額。懸梁，是指殿宇內左楹西側空懸於大殿之上的梁木與立柱不接觸；吊柱，是指殿宇右側（東面）立柱不落地，柱腳下距地面八十釐米有一木匣，抽開匣板，裡面有土地神像一尊（曰土地祠）。

玄帝觀之「懸梁吊柱」，堪稱中國建築史上的一絕，被譽為舊吉林八景之一。可惜這一奇景在「文革」中被燒為灰燼。

▲ 玄天嶺玄帝觀

玄天嶺古砲臺

　　玄天嶺位於吉林老北極門外，清時亦稱元天嶺，這是因避聖祖（玄燁）諱，改「玄」為「元」。

　　玄天嶺上覆蓋著茂密的森林和各種野生植物，是一座由花崗岩構成的山體。山的東麓山巒起伏，西麓卻是懸崖峭壁。在山的北峰至今還遺留著當年為抗俄而修築的砲臺遺址。

　　光緒十九年（1893 年），沙俄侵占了中國黑龍江一帶大片土地，並大舉向東北內陸進發。為抵禦沙俄，吉林將軍長順下令修築了這座實心台式砲臺，並放置七門大砲，炮口朝向北方，嚴陣以待，顯示了吉林人民英勇抵抗外來侵略的決心。

　　光緒二十六年（1900 年），沙俄趁八國聯軍侵入北京之機，開始大舉入侵

▲　玄天嶺古炮臺

東北。由於清政府的投降行為，同年九月二十三日，俄軍沒費一槍一彈，進占吉林城。玄天嶺砲臺「悉為俄用」。到日俄戰爭期間，這座砲臺又被俄軍拆毀。實際上該砲臺並未起到抵抗俄軍的作用。

玄天嶺砲臺故壘牆體尚存，且十分堅固。砲臺平面呈不規則四方形，為三合土夯就，其堅固程度近似花崗岩。從砲臺外面測量，牆身高 1.2 至五米不等，東西寬 29.5 米，南北長 44.5 米，周長 48 米。在砲臺西側原有火藥庫六間（現僅存房基），南北長五米，東西寬 7.5 米。據史料記載：砲臺內有炮七門，炮口目標向北方。在七門炮中，有十六生剋虜卜大砲和十五生立密達大砲各一尊，餘者為九生的中等車炮。

這座動用重金修築的砲臺和不遠千里調運來的多門重炮，畢竟是吉林地方官員為了抗擊沙俄侵略而上奏清廷獲准建造的防衛設施，其反抗侵略的初衷是應該加以肯定的，因而玄天嶺砲臺遺址亦不失為反抗沙俄侵略的歷史遺址。

二〇〇七年，玄天嶺古砲臺被吉林省人民政府批准為省級重點文物保護單位。

玄天嶺避火圖

　　吉林舊時火患頻仍，有文字記載的就有十六起之多。

　　乾隆五十六年（1791 年）四月二十日，吉林城又罹大火。災後，吉林理事廳一個姓王的幕友，自詡善識地理風水，建議在玄天嶺上修「坎卦圖石」，以鎮火魔。玄天嶺在吉林城北，恰似城池的天然屏障。經吉林將軍恆秀贊同，在玄天嶺上修起了八卦形的「坎卦圖石」，俗稱「避火圖」。

　　玄天嶺避火圖，是一個上面嵌有《易經》八卦中坎卦形條石的青磚照壁，直徑五丈。因循水火相剋的關係，借此克火。然而，避火圖並沒有給吉林城帶來福音，建成後火魔依然不斷光顧。五四運動期間，避火圖被青年學生毀掉。現在的「坎卦圖石」為二〇〇五年復建景址。

▲ 複建後的坎卦圖石

北山攬彎橋與臥波橋

北山是位於吉林市城區內的一座景色秀美的園林公園，裡面有兩座獨特的橋，一座叫攬彎橋，一座叫臥波橋。

攬彎橋位於北山東西兩峰之間，造型別緻，橋身拱起，形似「羅鍋」，故老百姓稱之為「羅鍋橋」，是鑿山修路的同時，於海拔二六五米的山峽之間凌空跨澗而建，上無吊臂，下無橋柱，為單孔石拱橋。整個橋身全部使用花崗岩條石，橋孔內圈的石塊均有子母榫相銜接。橋長二十八米，寬五米，高約十七米。此橋一九三二年開工，一九三五年竣工，歷時兩年。

據說，康熙二十一年（1682 年），康熙皇帝東巡吉林，在松花江邊望祭長白山，隨後率諸王公貝勒到九龍山（即現今的北山）狩獵。他策馬行至東、西

▲ 北山攬彎橋舊景

兩峰之坳時，攬轡回首，但見城外大江恰似一把滿弦彎弓，更有百艘戰船排列江中。此情此景，令康熙皇帝大悅，為此做詩《松花江放船歌》。這座橋竣工後，曾經請遜位後在天津隱居的清朝末代皇帝溥儀賜名。其時，近臣寶熙講述了康熙皇帝東巡吉林的故事。溥儀聽後，揮筆寫下「攬轡橋」三個字。

攬轡橋建成時，東、西兩端曾掛有兩塊銅牌標示「攬轡橋」的橋名和竣工日期。後因日本侵略者發動太平洋戰爭，物資貧乏，當局為了製造槍炮而大肆搜刮破銅爛鐵，搞所謂的「金屬獻納」，攬轡橋上的銅牌也被拆下「獻納」了。

臥波橋位於北山正門通往北山的路上，建成於「中華民國」十八年（1929年）。據《永吉縣志》記載：「又自德勝門迄北山下臥雲軒，修瀝青馬路二五八丈，寬三丈二尺，兩側明暗水溝三二〇〇尺。長公祠西胡同馬路兩側明暗水溝各七八九尺，並建鐵筋橋一座。」這裡的鐵筋橋指的就是「臥波橋」。

臥波橋建成後，經多年蓄水，橋兩側各形成一湖，橋東湖俗稱划船湖，現已成北山一景。一九九九年，吉林市人民政府撥款重修臥波橋，修整後的臥波橋全長八十二米，寬十六米，為九孔石拱橋，全部為漢白玉護欄，護欄柱頭為盤龍結構，全橋共築有九九條盤龍，暗合「九龍山」之數。

▲ 北山臥波橋

北山曠觀亭

　　北山曠觀亭位於北山西峰頂部，是吉林北山八景中的「曠亭日出」和「萬家燈火」的晨昏景觀之處。原匾由天津著名書法家華世奎所書。原有楹聯為：登高望遠四方雲山千家煙樹；聽嘯臨風一川星月萬里江山。

　　曠觀亭始建於「中華民國」初年，原為單層木結構架六角攢尖頂。一九六四年，在原址重新擴建，為二層單簷六角攢尖頂，上披綠色琉璃瓦，建築面積一百一十平方米，高十四米，鋼筋混凝土框架結構。通過石階步上花崗岩台基，從月形門洞入內，底層沿牆設兩部曲尺形樓梯，拾級而上達二層。憑欄遠眺，江城美景盡收眼底。

　　二〇〇六年末，曠觀亭因年久失修，需要重建。根據市民的建議，在曠觀亭的原址上改建，由原來的二層改為三層，高度由原來的十四米增高為二十一米，亭直徑也由原有的十五米增加至二十一米。改建後的曠觀亭一層由大廳和文化長廊構成，二層仍為觀光台，三層為鐘亭。鐘亭內懸掛一座重達三十六點五噸的「平安鐘」，由吉林市著名書法家劉迺中撰書《平安鐘賦》。這座平安鐘規模位居東北第一，故現在曠觀亭也稱平安鐘樓。

▲ 北山曠觀亭舊景

▲ 今日北山曠觀亭

佛手山文化公園

　　佛手山文化公園坐落在吉林市小白山鄉，東鄰外環景觀路，西依佛手山脈，西南與松花湖接壤，南與魚米之鄉旺起鎮相鄰。

　　公園總規劃面積一百萬平方米。有宗教活動區，包括天齊禪寺區、火神廟區；宗教飲食文化法物流通區，包括素食館、茶禪房、法物流通廳等；宗教文化教育展示交流區，包括佛學教育區（佛學院）、中國禪宗藝術博物館、宗教會展中心、影視傳媒演藝中心；綜合配套藝術景觀區，包括園區綜合配套區、廣場雕塑藝術區、室外觀音像、園林景觀區、水域音樂景觀區；生命紀念館（舍利閣）；蘭花館。

　　該項目把南傳佛教建築與唐代、清代廟宇建築有機結合，並輔以特色鮮明的園林景觀，從而達到古今中外相得益彰的藝術效果。

▲ 佛手山文化公園鳥瞰圖

王百川大院與吉林市滿族博物館

　　王百川大院位於吉林市船營區德勝街四十七號，著名風景區北山腳下，是目前吉林市唯一保存完好的清代至民國年間典型的四合院民居。

　　王百川，又名王富海，在清末民初曾先後擔任長春、吉林永衡官銀錢號經理和總經理。一九四〇年修建松花江上第一座公路橋──吉林大橋時，他曾捐出巨款。

　　王百川大院建於一九三二年，為一封閉式四合院。原為二進院落，坐北朝南，係南北中軸線布局，前後左右共有正房、廂房三十間，建築面積八六五平方米。王百川大院對研究昔日吉林民居特點具有重要實物價值。現被闢為吉林市滿族博物館。

　　博物館以大量的文物、珍貴的照片以及相應的輔助展品，概括反映了吉林市自南北朝（420 年-589 年）以來，歷經隋唐、五代十國、遼、金、元、明、清、民國至今，滿族的先人──勿吉、靺鞨、女真、滿洲直到今日滿族的發展歷史，再現了昔日滿族食、衣、住、行以及文化、教育、娛樂和祭祀活動。

▲ 王百川大院（現吉林市滿族博物館）

▌吉林水師營博物館

　　清朝初年，為抗擊沙俄入侵，清政府於順治十三年（1656 年）決定在吉林建立船廠，並設立水師營，習練駕船水戰。可以說，吉林城是清朝在東北的造船中心，反擊沙俄入侵的大本營，供應軍需物資的後方基地。二〇一二年開始運行的吉林水師營博物館位於落馬湖風景區，占地面積約 38000 平方米，使用面積約 1000 平方米。

　　博物館分為兩層，館內陳列由吉林水師營的興起、吉林古城的興建、康熙東巡檢閱吉林水師營、吉林水師營與雅克薩之戰、乾隆東巡吉林、吉林水師營結束歷史使命六部分組成，通過圖片、雕塑、景觀復原、全息幻影成像等手段立體直觀地展示了吉林水師營的歷史。

▲ 吉林水師營博物館

金日成主席讀書紀念室

　　金日成主席讀書紀念室位於船營區松江中路一九一號、吉林毓文中學院內，占地面積 2710 平方米，建築面積 1125 平方米，是傳統的三合院建築，有正房和東西廂房，東側有迴廊相連。正門樓的門額上，鐫刻著中國人大常委會原副委員長、曾在吉林毓文中學任語文教師的楚圖南題寫的「吉林毓文中學」六個大字。

　　金日成一九二七年至一九三〇年間，曾在毓文中學讀書並從事革命活動。一九四九年後，中國政府將金日成當年讀書的教室保存下來，並多次進行維修，一九五三年正式命名為「金日成主席讀書紀念室」。展室陳列許多珍貴的歷史文物，不僅有金日成贈送的紀念品，還有金正日贈送的巨幅油畫《白頭山的朝霞》。一九六四年二月二十二日，吉林市人民政府在校園內塑金日成半身像。一九八五年，又撥專款重塑金日成全身像。

阿拉底朝鮮族民俗村

　　阿拉底朝鮮族民俗村位於吉林市龍潭區烏拉街滿族鎮。「阿拉」原是滿語，意為「小山岡」；「底」是漢語。全稱為小山岡底下。該村地處吉林市至舒蘭市的公路和鐵路旁，土地肥沃，交通方便，地理位置優越。全村面積 6.05 平方公里，2800 口人中近 90%為朝鮮族。1997 年，阿拉底村就已經是「全國精神文明示範村」。整個民俗村包括大門景區、院落區、民宿區、商業街、文化廣場、文體活動中心等九個分區，充分展示了朝鮮族的歷史、人文以及民俗風情。

　　走進民俗村的大門，有朝鮮族傳統的「天上大將軍、地下女將軍」的村屯保護神等木製圖騰神偶列於村頭；白牆黑瓦的民居，明亮的玻璃窗旁，一串串紅紅的辣椒掛在牆上，牆角擺放著老式農具；院內一排排油光 亮的大缸小壇，裡面醃製著朝鮮族的辣白菜和各種泡菜，還有辣醬；屋內整齊寬敞的大炕，擺放著朝鮮族傳統的家具和櫥櫃；廚房和飯廳裡擺有朝鮮族的精美食具。

　　二〇一二年九月二十五日，在金秋送爽的日子裡，阿拉底朝鮮族民俗村首屆辣椒文化節開幕，文藝演出、體育賽事、民族美食展示、商購懇談等活動豐富有序，熱鬧非凡，將阿拉底村的新姿展現在世人面前。

▲ 阿拉底朝鮮族民俗村

豐滿水電博物館

翻開二十世紀六〇年代的小學課本，豐滿發電廠的名字赫然在目；在人民幣的五角紙幣上，曾經刻印著豐滿大壩的圖案。豐滿水電，被稱為「新中國水電之母」，見證著共和國水電發展史的恢宏壯闊。

豐滿水電博物館是目前我國第一座以豐滿水電為背景，全面系統地展示中國水電歷史的主題博物館。它於二〇〇七年十月落成並開館，建築面積約 六五〇〇平方米。博物館以展現中國水電歷史，弘揚水電文化，普及電力科學知識，推進愛國主義教育，促進工業旅遊發展為目的，採用文字、圖片、模型、泥塑等多種形式，結合先進的聲、光、電綜合技術手段，向遊客們集中展示了以豐滿發電廠為代表的中國水電事業七十多年來的輝煌成果和發展歷程。

博物館各大展廳，風格各異，主題鮮明。準確的時間記錄，真實的事件記載，珍貴的實物蒐集，以及難得的事件親歷人的口述實錄，所有這些都彰顯了「豐滿水電博物館」作為全國首個集知識性、趣味性、科普性、可讀性、觀賞性為一體的專業水電博物館的獨特魅力。

▲ 豐滿水電博物館

吉林市勞工紀念館

吉林市勞工紀念館即豐滿「萬人坑」，是日偽時期為修建豐滿水電站而殉難勞工的拋屍地，位於吉林市豐滿區孟家村東山上，南距豐滿水電站兩公里，占地面積 14000 多平方米，建築面積 1378.42 平方米。

一九三七年，日本軍國主義為達到長期霸占中國之目的，在吉林市豐滿開始修建號稱「亞洲第一大工程」的「松花江水利發電所」，從全國各地騙招、綁架數萬勞工從事苦役。日寇操刀、監工持棒，勞工啼飢號寒，受盡非人折磨，死傷無數。「大壩高一尺，白骨鋪一層」，形成了豐滿「萬人坑」。

一九六三年豐滿發電廠為進行廠史教育，投資興建「豐滿階級教育館」。一九九七年更名為吉林市勞工紀念館，由勞工苦難史展廳、屍骨廳、紀念碑以及「慰靈塔」等建築組成。在紀念抗日戰爭勝利五十週年時，吉林市勞工紀念館的「慰靈塔」碑銘文銅匾、腳鐐、勞工衣物、碗、照片等文物，被中國抗日戰爭紀念館舉辦的《勞工血淚 —— 日本強徵、奴役中國勞工罪行展》徵集展出。

吉林市勞工紀念館現為吉林省重點文物保護單位，吉林省國防教育基地，吉林市愛國主義教育基地。

▲ 吉林市勞工紀念館

吉林石化公司展廳

　　吉林石化公司展廳隸屬於中國石油吉林石化公司，位於吉林市風景秀麗的松花江畔。

　　作為生產出全國第一桶染料、第一袋化肥、第一爐電石的新中國化工廠，吉化為我國經濟建設做出了卓越貢獻，曾在二十世紀八、九十年代創造了「全國學吉化」的輝煌，成為行業的標竿和旗幟，同時也創造了底蘊豐厚的企業文化。如今，那些承載著拚搏與奮進、光榮與夢想的奮鬥歷程，全都濃縮在吉林石化公司展廳裡。展廳六百一十平方米的佈展區如同時光長廊，運用光、聲、電、多媒體等新技術，分別通過公共接待區、歷史回顧區、榮譽區、題字區、產品區、沙盤區六個展區，全方位、多角度地展示了吉林石化公司六十年來滄桑而厚重的創業發展史、絢爛而深厚的企業文化以及宏大而美好的發展願景。

　　吉林石化公司展廳不僅是宣傳企業形象的窗口，也是傳承企業文化的陣地，更是新中國現代工業發展壯大的形象展示。

▼ 吉林石化公司展廳

「闖關東」文化和聖鑫葡萄酒莊園

一座文化生態莊園因為「闖關東」的主題，濃縮了流民大遷徙的歷史，同時也把一種精神和一種氣質灌注其中。

聖鑫葡萄酒莊園坐落在吉林市豐滿區孟家村。四面青山環繞，園中小溪流淌，環境優美，風光如畫。酒莊把「闖關東」和葡萄酒文化作為主脈絡，集文化、休閒、娛樂為一體。

園區內有二十餘組以「闖關東」為內容的鑄銅雕塑，從各個角度刻畫了闖關東人在百餘年前不畏艱難、奮勇拚搏的心路歷程，以及他們的後代融入關東大地創建美好未來的生活場景。此外，還有石雕、陶雕多件。

莊園建有「闖關東」葡萄酒文化博物館，擁有二百畝江邊山坡式葡萄園、灌裝生產線和二百個恆溫窖藏的橡木桶，釀製貯藏「霧淞牌」系列有機山葡萄酒，生產能力為年二十萬瓶。山葡萄酒已出口羅馬尼亞。

聖鑫葡萄酒莊園已獲得國家 AAAA 級旅遊風景區、吉林省文化產業示範基地、國家休閒農業與鄉村旅遊示範點等稱號。

▼ 聖鑫葡萄酒莊園

神農博物館

　　神農博物館位於神農溫泉度假村，坐落在吉林市孤店子鎮，是生態農業教育基地、東北首家具有地域特色的農業分類展覽館，為三層連體建築。館內傳承和保存了近代以來東北地區的民俗文化，展示了東北民眾的民間工藝、生活器物、農耕用具等與生活息息相關的歷史畫面。

　　走進博物館，首先映入眼簾的是一條貫穿南北的農具長廊，中間的環形展區為農具精品展廳。走出農具長廊，進入左側展區，從裡向外依次為私塾、地主家、富農家、貧農家、「文革」期間老教室、老生產隊一角；右側從外向裡依次為老鐵匠爐、老木匠鋪、老油坊、老豆腐坊、老米行。這些老物件、老作坊和舊民居的真實再現，讓人們彷彿回到了歷史場景，體味著歲月的滄桑巨變。在二樓的天井四周，為民間手工業展區，展示小銀匠、鍋鍋鍋缸、棉花鋪、紡織間、土陶、手編用具等民間手工製作，在為這些手工業者的精湛技藝所折服的同時，更為有些現已失傳的民間手藝深深嘆惋，讓參觀者深感傳承與保護民俗文化的重要意義。三樓民俗精品展廳分為民間藝術展區和儀典祭祀展區，兩個展區裡分別展示剪紙、香包、器樂、年畫、刺繡、皮影、泥塑、木偶、玩具、風箏、花瓷等民間工藝品，以及儀式典禮、祭祀神靈用的各種鼓、鑼、香爐、酒具等器物。

▲ 神農博物館

百年江南公園

　　江南公園始建於清光緒三十四年（1908 年），是我國早期的現代化公園之一。最初的江南公園為「江南農事試驗場暨公園」，屬勸業道經營管理，與北京的農事試驗場附設公園性質和功能都很相似。一九二八年，就原有的設施略施點綴，使公園稍具雛形，分設體育區、動物園、植物參考園（花園）。當時園中樓台亭榭、鞦韆、水池、球場、花草、樹木、飛禽走獸亦佈置驚奇。復興後的公園，仍然是農事試驗場的組成部分，但從其規模來看，不僅有動物、花卉、樹木可供觀賞，還有體育活動設施，表明其已建成為現代化的綜合性公園。從建園伊始，就蒐集百花建花園，因此公園也有「花園」之稱。

　　如今的江南公園是一座集花卉觀賞、動物觀賞、娛樂休閒為一體的綜合性公園。冬季這裡還經常舉辦冰燈遊園會，有大型的冰雕、雪雕藝術展等等，美不勝收。

▲ 江南公園舊景

清水綠堤景觀帶

　　清水綠堤景觀帶，俗稱清水綠帶，是沿市區松花江段，全長五十七公里，在松花江灘地較寬、自然景觀獨特、人流密集及具有歷史文物的區域。規劃設計建造了眾多休閒、娛樂、體育、旅遊等精品區，由江濱公園、東大灘生態公園、濱江花園、溫德遊園、石化遊園、青年園、國防園、玫瑰園、百木園、丁香園、昌邑園、豐滿園、龍潭園、松樺園、風帆廣場和江畔揚帆景觀、江灣網球場等二十個城建經典之作組成。它們猶如一顆顆璀璨的明珠，點綴著穿城而過的松花江畔，令人矚目，引人駐足。

　　二〇一〇年四月一四日，在全國水利風景區建設與管理工作會上，吉林市松花江清水綠帶水利風景區被評為第九批國家級水利風景區。

　　清水綠帶體現了「以人為本，回歸自然」，貫穿了「生態走廊，景觀簇園，魅力精品」的理念，提升了城市品位，已成為江城新的亮點。

▲ 清水綠堤景觀帶

中國四大自然奇觀之一──吉林霧淞

　　在大自然餽贈給吉林人的所有寶物中，最令人流連的莫過於松花江畔的霧淞了。據史料記載，吉林霧淞在每年的十一月到次年三月，最多可造訪六十餘次。其出現的次數之多、覆蓋之廣、淞茸之厚可列各地霧淞之首。

　　吉林霧淞的成因緣於吉林市有一條不凍的江。二十世紀三〇年代修建豐滿水電站，將松花江攔腰截斷疊壩成湖，在冬季零下二三十度的低溫下，湖水表面結冰，但水下溫度仍然在零度以上，尤其是通過發電機組後，湖水載著巨大的熱能飛流直下，致使流經吉林市區的松花江水溫始終保持在四度以上，於是就形成了江水臨寒不凍的奇特景觀。在一定的氣壓、風向、溫度、濕度等條件的作用下，江面上升騰的霧氣遇冷便形成霧淞。

　　有霧淞的日子，是吉林人的節日。漫漫江堤，鑲銀嵌玉，雲裡霧裡，瓊花飛舞。或像白蘭初綻，或如銀菊吐蕊，或似梨花怒放，或像寒梅乍開。一九九一年一月九日，中國國家主席江澤民在松花江畔觀賞霧淞時，曾即興吟出：

▲ 吉林霧淞

「寒江雪柳，玉樹瓊花。吉林樹掛，名不虛傳。」一九九八年三月十九日，中共中央召開「兩會」期間，江澤民同志又賦七絕二首，讚美霧淞：「寒江雪柳日新晴，玉樹瓊花滿目春。歷盡天華成此景，人間萬事出艱辛。又是神州草木春，同商國計聚京城。滿堂共話中興事，萬語千言赤子情。」著名詩人、書法家趙樸初偶遇吉林霧淞，也留下了「霧淞奇觀絕天下，吉林冬景冠中華」的詩句。

霧淞是吉林人的驕傲。人們把觀賞霧淞分為三個階段，即「夜看霧，晨看掛，待到近午賞落花。」「夜看霧」是指霧淞形成的前夜，霧鎖江面，整座城市時隱時現，撲朔迷離，讓人疑似天上人間，不知今夕何夕；霧淞又叫樹掛。「晨看掛」就是早晨起來看樹掛。前一天十里長堤還是枯枝瘦草，今朝卻是玉菊搖曳，寒梅怒放，讓人不由得脫口而出：「忽如一夜春風來，千數萬樹梨花開。」「待到近午賞落花」說的是霧淞雖美，卻不可久留人間，待到日上中天，樹掛大片脫落，一時間整個江城「無處不飛花。」

美輪美奐的霧淞景觀，吸引了來自四面八方的遊客，也讓吉林市聲名大震。一九九一年，吉林市人民政府創辦了「中國・吉林國際霧淞冰雪節」，全力打造特色文化旅遊品牌。作為中國十大自然生態類節慶活動，「中國・吉林國際霧淞冰雪節」已逐漸由單一的冰雪活動發展為集旅遊、體育、文化、經貿活動於一體的多領域、綜合性跨國盛會，已成為提升城市形象和做大冬季旅遊品牌的載體，成為推動區域繁榮發展和國內外交流的重要平台。

吉林霧淞以「冬天裡的春天」般的詩情畫意，為城市披上了聖潔的婚紗。它和泰山日出、黃山雲海、錢塘潮湧並稱為中國四大自然奇觀。

▲ 吉林霧淞

中國霧淞第一島──霧淞島

提起冰雪，人們的第一感覺往往是冷，而在一些攝影作品中，冰雪或抽象或具體、或雄渾或婉約地向人們訴說著它的多情。吉林的冰雪奇觀是攝影人永恆不變的創作主題。他們最先發現了霧淞島，並通過鏡頭向全國的攝影人廣為推介。如今，霧淞島已被譽為「中國霧淞第一島」。

在吉林市以北約四十公里的烏拉街鎮韓屯、曾通屯是霧淞最為集中和最佳的拍攝景地，又因這裡的江面上有個小島，所以人們約定俗成地把這裡叫成霧淞島了。每年從十一月中旬開始，吉林市就算進入了冬季。從這時起，霧淞島的霧淞便濃妝淡抹地登場亮相了。尤其是降雪量大、天氣特別寒冷的年份，霧淞出現的次數也就越多。這是因為霧淞島具有獨特的地理環境，它地勢平緩，四面環水。升騰起的大霧常常籠罩著這個近六平方公里的小島，有時竟一天也見不到太陽，在這樣的天氣下掛在樹上的霧淞是不會掉落的，並且夜裡又會掛上一層。第二天，樹上的霧淞粗得像高粱頭似的，與吉林市城區的霧淞相比，又是一番賞心悅目的景緻。

如今，霧淞島成了許多攝影家和攝影愛好者的聚集地，每年都接待大量來客。

▲ 霧淞島

吉林烏喇演繹廣場

　　吉林烏喇演繹廣場，是松花江流域內獨一無二的以山水島等自然元素為主的綜合性城市景觀功能區，是東北三省唯一一個位於城市中心的大型山水實景燈光演繹區。它以東團山為背景、以松花島為主景區，利用松花江中自然形成的江心島及江左岸的灘塗地建設而成。

　　景觀區建有「得勝古門」「天河古渡」「水師臨江」等十八個人文景觀，展示了吉林市作為船廠、木城的滄桑歷史。演繹區通過特效燈光與演員表演再現了數百年前滿族先民的生活狀況和康熙東巡時的盛大景象，在音樂與光影中幫助人們瞭解滿族文化。

　　除特定演出外，「吉林烏喇」向遊人免費開放。尤其到了傍晚，老人們休閒散步、兒童戲水、情侶攜手、好友舉杯，人與山水、景物渾然一體。靈山麗水間，盡現古城風韻，盡展世人逸致閒情。

▲ 吉林烏喇演繹廣場

松花湖風景區

　　松花湖位於吉林市境內的松花江上，是一九三七年攔截松花江水、建設豐滿水電站形成的人工湖，是我國 AAAA 級風景名勝區。主要景點有駱駝峰、鳳舞池、五虎島、臥龍潭、石龍壁、摩天嶺、額赫島等。

　　松花湖形態為沿山谷呈狹長多彎之狀。湖區南北長約 77 公里，東西寬約 94 公里，平均水深 30 至 40 米。最深處 75 米，寬十公里，回水全長 180 公里。湖面總面積 550 平方公里，最大蓄水量為 108 億立方米，海拔 261 米。入湖的水源主要來自松花江、輝發河、金沙河、拉拉河、木箕河、漂河。

　　松花湖風景區的主體是水、山、林。這裡石壁挺拔，懸崖峻峭，千姿百態。群山抱綠水，碧波繞青山，深山幽谷，引人入勝。一四〇種野生動物在這裡棲息繁殖，為湖區增添了無限生機。湖區的水源涵養林和水土保持覆蓋率達 70%以上，形成了特有的秀麗景色：初春，林木吐翠、萬物復甦；盛夏，綠樹成蔭、鳥鳴幽谷；金秋，漫山紅葉、層林盡染；隆冬，玉樹瓊花、銀裝素裹。

　　松花湖以其得天獨厚的地理位置、四季分明的氣候條件、明媚秀麗的湖光山色吸引著八方遊客。國內外的許多攝影家到了松花湖，無不為這裡的水之靜、山之奇、林之秀、石之異而歎為觀止。朱德、董必武等都曾留下吟詠松花湖的詩篇。著名詩人賀敬之在遊覽松花湖後，感慨地寫下了「水明三峽少，林秀西子無。此行傲范蠡，輸我松花湖」的詩句。一九九四年六月，江澤民同志來到這裡，欣然題詞：「青山綠水松花湖。」

▼ 美麗富饒的松花湖

北大壺滑雪場

「北大壺」三個字的由來，緣於皇封御賜。乾隆十九年（1754 年）農曆八月，乾隆皇帝為完成其母遍嘗天下甘泉的願望來到此地，見如此風水寶地龍顏大悅，詢問地名未果後，自詠道：「三面環山，形若壺尊；聖泉甘露，盛於其中。此乃天造地設北大壺。」

二十世紀六〇年代，一支地質測繪隊來北大壺繪製地圖，詢問當地老鄉此地地名，老鄉回答說「北大壺」。測繪人員誤以為是湖水的湖，白紙黑字，在地圖上首次標出「北大湖」。至二十世紀九〇年代初，滑雪場在此關建，沿襲原來地圖上的名稱──「北大湖」。後來借全國冬運會的契機，吉林市人民政府將北大湖正式更名為「北大壺」，使親臨這裡的人們置身於民間傳說的神祕氛圍裡。

北大壺滑雪場擁有得天獨厚的氣候條件和舉世無雙的區位優勢，從滑雪場到擁有二百萬人口的吉林市區僅僅五十三公里，距省城長春市一二八公里，距龍嘉國際機場一一〇公里，與著名的松花湖隔山而望。北大壺是全國首批 AAAA 級風景區、全國冬季休閒旅遊度假示範區、國家綜合滑雪訓練基地、國家登山滑雪訓練基地、國家拓展運動基地。自二〇一一年開始，北大壺被吉林市人民政府作為「中國‧吉林國際霧淞冰雪節」開幕式舉辦地。

北大壺具有國內唯一的、不可複製的山地和滑雪資源。區域內有海拔千米以上的山峰九座，擁有目前國內規模最大、設施最完善、自然條件最好的滑雪場。曾先後成功舉辦了第八屆、第九屆、第十二屆全國冬季運動會和第六屆亞洲冬季運動會雪上項目比賽。

北大壺以戶外運動為突出特點，以滑雪、高爾夫、溫泉為核心競爭力產品，以建設中國北方國際旅居休閒度假目的地為終極目標。如今，北大壺成為以大城市為依託的長吉圖發展戰略中新的經濟增長極。

▲ 北大壺滑雪場

樺甸白山湖

　　白山湖位於樺甸市松花江上游白山水電站庫區九十公里處，水域面積124.4 平方公里。素有「北方灕江」之稱，是國家 AA 級旅遊風景區，靖宇火山礦泉群國家地質公園的主景區。建有亞洲最大的地下水電站——白山電站，總裝機容量一五〇萬千瓦，單機容量三十萬千瓦，大壩高 140 多米，隱蔽廠洞和工作室全國首屈一指。

　　白山湖的自然風景帶使遊人歎為觀止。雄偉的白山電站大壩攔江跨山，湖

▼ 樺甸白山湖

面寬闊，湖水碧波蕩漾，蜿蜒曲折如蛇行山中，勝似灕江美景。景區內山、水、石交相輝映，構成了動感十足的自然山水畫卷。遊人泛舟湖上，心曠神怡，彷彿世外桃源，給人以無限遐想。

　　白山湖風景區以其得天獨厚的地理、生態優勢被列為國家、吉林省重點開發項目。

樺甸紅石湖

　　紅石湖地處樺甸市紅石砬子鎮區域、松花江上游，是紅石電站大壩攔江而成。紅石湖長約五十公里，水域面積約十五點十七平方公里，庫容量二點八三億立方米。紅石湖距樺甸市三十五公里，與上游的白山湖、下游的松花湖並稱為松花江上的「三顆明珠」，也稱「一江三湖」。

　　紅石湖物種豐富，野趣天成。沿岸主要森林植被為天然次生林，由於開發較晚，人為活動不多，森林植被保護較好，不乏一些參天大樹。優美的山岳景觀、多樣的水體景觀、茂密的森林植被景觀、悠久的歷史文化、濃郁的民族風情，構成了紅石湖特有的旖旎風光。

▲ 樺甸紅石湖

紅石國家森林公園與抗聯密營

紅石國家森林公園隸屬樺甸市和靖宇縣行政區，占用林地為紅石林業局重點公益林區。公園森林覆蓋率 84.6%，集山、島、湖於一體，景色宜人，優美俊秀。公園內天然林千姿百態，森林和湖泊構成了特有的氣候環境，植被完整，萬物生息，散發著濃溢的負氧離子，被譽為「天然氧吧」。

園內人文景觀悠久，遺址多處，古蹟繁多，一些美麗的神話傳說，更為其披上了神祕的面紗。很多景點與著名的歷史人物有關，像東北淘金王韓邊外、開山鼻祖馬文良、放排鼻祖謝洪德等。

這裡最著名的景區抗聯密營，曾是著名抗日民族英雄楊靖宇、魏拯民及朝鮮人民的偉大領袖金日成戰鬥過的地方。密營又稱「蒿子湖密營」「南崗頭密營」，位於紅石國家森林公園紅（紅石林業局）白（白山電站）旅遊線的二十三點六公里處，由兵營、灶房、水井、磨坊、糧倉、飲馬池、槍械所、被服廠、楊靖宇居住地等重要遺址組成。現為吉林市青少年愛國主義教育基地。

▲ 紅石國家森林公園

朱雀山國家森林公園

　　朱雀山是吉林市四大名山之首，是離城市最近的國家 AAAA 級森林公園。朱雀山國家森林公園距離松花湖僅兩公里，海拔八一七米，山勢陡峭，怪石嶙峋，樹木蔥蘢，風貌古樸。東峰上有塊十多米長的豬形巨石，名為「神豬石」，有五頭小石豬尾隨其後。石豬頭向山頂，尾巴向下，好像在行走，因此朱雀山又名「豬山」。山腳斷壁上有明代阿什哈達摩崖石刻。

　　在朱雀山上看到的十八處景觀：神豬祈福、石龜探海、玉兔奔月、雄獅吼天……均來自於一個民間神話。傳說很久很久以前，八仙雲遊來到朱雀山。他們為此山的風光所陶醉，把從天宮帶來的美酒倒在尋夢峰上的「仙釀池」中，坐在八仙台上開懷暢飲。醇酒飄香，引來山下眾多生靈，也要嘗嘗天宮玉液瓊漿。八仙動怒，用法術將眾生靈定住變為石頭，形成了今天的十八處景觀。「山不在高，有仙則名」，自八仙來過以後，朱雀山就出名了，人們爭相遊覽八仙留下的仙跡。

▼　朱雀山國家森林公園

拉法山國家森林公園

　　拉法山國家森林公園，是國家 AAAA 級旅遊風景區，位於蛟河市北部，海拔 886.2 米。景區內有儀態萬千的「八十一峰，七十二洞」、凌空飛瀉的瀑布及其他錯落有致的勝景七十多處，集幽、奇、秀、險於一身。

　　拉法山是古代道士修練之所，至今留有多處遺跡。山中古木參天，濃蔭蔽日，幾十種鳥類在此繁衍生息。此外，還有眾多的岩洞和怪石。穿心洞似一座天然大禮堂，能容千餘人，東、南、西三面洞口可分別觀日出、日落和雲海三大奇觀。另有太和洞、朝陽洞、塔洞、千佛洞、觀音洞等近百處天然岩洞。奇洞之外，怪石林立，金蟾石、駱駝石、猩猩石、雙蛙觀日石、老熊觀天石等散落於群巔峽谷之間。

　　拉法山國家森林公園以森林景觀為主體、蒼山奇峰為骨架、瀑布溪水碧潭為脈絡、百里紅葉山谷為奇觀，構成了一幅巧奪天工的自然山水畫卷。

▼ 拉法山國家森林公園

蛟河紅葉谷

　　蛟河紅葉谷是長白山餘脈老爺嶺的一條山谷，位於蛟河市慶嶺鎮解放屯，北起慶嶺瀑布，南臨松花湖。每年深秋時節，整條山谷層林盡染，滿眼夢幻般的紅葉鋪天蓋地，構成一幅醉人的金秋畫卷。更為難得的是，由於紅葉谷緯度高、霜期長，使這裡的紅葉色彩特別豔麗。

　　紅葉谷除規模宏大以外，景色也和一般的紅葉生長區不同。它具有其他地區不可比擬的特色。當地樹種包括闊葉林、針葉林、針闊混交林、岳樺林和高山草地。不同樹種對霜凍的反應各不相同，有的火紅，有的橘紅，有的金黃，有的依然碧綠……陽光下的紅葉谷，好像上帝打翻了手裡的調色板，濃墨重彩，豔麗異常。

　　近年來，蛟河市依託資源優勢，連續成功舉辦了多屆紅葉節，著力打造紅葉品牌，塑造「紅葉之城，魅力蛟河」的城市旅遊形象，使紅葉節成為吉林省的四大旅遊節慶活動之一，並被列入國家重要節慶活動名錄。

▼ 蛟河紅葉谷

蓮花山和官馬溶洞

蓮花山國家森林公園位於磐石市境內，地處長白山餘脈哈達嶺中段。主峰海拔一〇四九米，其他八座山峰海拔都在八百米以上。九峰攢聚，好似蓮花盛開天外，蓮花山因此而得名。蓮花山風景秀麗，景色宜人，具有十分便捷的交通優勢和獨特的區位優勢。蓮花山滑雪場按照國際標準建立，是全國最大的原始森林滑雪場。

▲ 蓮花山

聞名於世的官馬溶洞，以及百尺泉瀑布、神祕地河、吊水壺瀑布、「千古絕唱——唐詩宋詞書法碑林」等構成了森林公園的獨特景觀。

▲ 官馬溶洞

官馬溶洞景物奇特，巧奪天工，洞中有洞，敢與桂林七星岩媲美。溶洞由六個景區組成，綺麗多姿，變幻莫測，共有四種類型和二十多種形態的鐘乳石。巨大的石花壁和露滴石國內罕見，堪稱東北之最；地河水清澈見底，據傳在「聖水仙河」裡洗手洗臉，會給遊人帶來好運氣；還有「天府石林」「仙人觀瀑」「玉樹瓊花」「仙山佛塔」等諸多景觀，令人遐思萬千。

官馬溶洞景區建有「千古絕唱——唐詩宋詞書法碑林」，是中國最大的書法碑林，由百位中國著名書法家於千禧年書寫，精選魯西南上等青石，遍尋民間能工巧匠，費時半年鐫刻而成。碑林依山取勢，盤旋婉轉。或摩崖、或影壁，曲徑迴廊，錯落有致；建築青磚青瓦，古樸典雅。

鳳凰山和萬佛寺

鳳凰山是吉林省名山，位於舒蘭市溪河鎮南四公里處，海拔三六五米，東面是連綿不斷的峰巒，西面是廣闊無垠的大地。山上蒼松翠柏掩映著金碧輝煌的廟宇，山下美麗的松花江像一條玉帶蜿蜒流過。鳳凰山形如龍，名為鳳，自得名於唐代以來，人們便視為吉祥寶地，必登之以求福。

▲ 鳳凰山萬佛寺

鳳凰山萬佛寺始建於清雍正年間。當年乾隆皇帝東巡吉林時，曾遊幸鳳凰山以示吉祥，並臥榻於朝陽宮西客廳，從此西客廳改名為「西龍廳」。清光緒六年（1880年）擴建，光緒十一年（1885年）皇帝欽封朝陽宮所管鳳凰山方圓四周，以確定這座名山不可侵犯的地位。

朝陽宮、玉皇閣建築文化構成了鳳凰山人文景觀的主體。「文革」期間歷經洗劫，近幾年來已修復了許多，並增設了新的建築。新建的萬佛寺由山門、鐘鼓樓、天王殿、大雄寶殿、藏經樓和居士樓構成，建築面積三五〇〇平方米。其大雄寶殿，長二十六米，寬、高均十三米，為東北之最。整個建築由彩繪而成，紅藍黃綠各顯分明，構成了雄偉的建築群體。

鳳凰山還建有海雲洞、三仙洞、枯井、鳳爪石、小石林、地冥府、八仙望江、朝鳳亭、雲煙亭、龍鳳亭、聖水亭等傳奇景觀，形成迷離虛幻、神奇斑斕的格局。

肇大雞山國家森林公園

　　肇大雞山位於永吉和樺甸交界處，距吉林市五十公里。肇大雞山主峰大雞山海拔一二五七米，是境內第二高峰。森林公園總面積約十四平方公里，山中植被類型豐富，林相完整，也是野生動物棲息繁衍的樂園。肇大雞山遠觀巍然矗立如傘狀，周圍群峰聳立，溝谷交錯，渾然天成，籠罩著一層神祕的色彩。據史料記載：清乾隆四十三年（1778 年），乾隆皇帝東巡吉林，八月十五駐蹕山下老盤營，清晨聞山上有雞鳴，聲音嘹喨，響徹雲霄，遂賜名「肇大雞」，寓「大吉大利」之意，肇大雞山從此得名。

　　當地還流傳著鹿拜乾隆被授銀牌的故事。據民國時期《永吉縣志》記載，乾隆在肇大雞山駐蹕期間，有一鹿來於帝帳前，低頭伏蹄做敬拜狀，乾隆嘖嘖稱奇，謂之神鹿，遂賜以銀牌繫於鹿頸。至清同治七年（1868 年），吉林將軍富明阿來此山行獵，神鹿口銜銀牌前來晉見，搖尾點頭做行禮狀。富明阿驗視銀牌，見銀鏈已壞，遂將所帶之荷包繫於鹿頸之上。據說，「中華民國」末年，神鹿還在。

▼ 肇大雞山國家森林公園

肇大雞山國家森林公園有三大自然景區——雞公嶺、龍騰溪、紅葉谷。雞公嶺上的雞嶺霞光、人面獅身崖、朝霞雨淞、天書岩等都是自然界難得的景觀。龍騰溪從鳳尾瀑一路隨形就勢蜿蜒而下十二公里，溪水在岩壁山間跳躍。秋天的紅葉谷，滿山紅彤如霞，給人詩一般的美感。冬季，大雞山頂，霧珠在樹木枝頭凝結成銀白色的冰串，形成得天獨厚的瑰麗景觀。森林公園山體以花崗岩、沉積岩、玄武岩為主，奇峰險秀，峭壁林立。山頂的人面石，山中的通幽石，分布自然和諧。

　　肇大雞山國家森林公園以原生態自然景觀為特色，由六個功能區組成：瀏覽觀光區、休閒度假區、森林射獵區、生態保護區、綜合服務區和行政管理區。依據景觀特色將瀏覽觀光區劃分為三個景區、二十八處景點。每年五月中旬到八月上旬，是公園林區最美的季節。

第五章 ——

文化產品

一台台歌舞的曼妙精彩，一部部電視劇的令人矚目，一本本期刊的廣受好評……猶如神奇的蝴蝶效應，將吉林市、吉林市的文化、吉林市的文化人推至相當的高度，也將這種文化衍生出的生產力從未有過地凸顯。

這是一塊神奇的土地，擁有茂繁的文化根基；這又是一處儲量豐富的文化礦藏，任由後人深入地汲取開發。在這不懈的努力中，我們不僅真實地觸摸到了先人的智慧，也終於漸悟：為什麼充滿著無窮魅惑的地方，是這裡而不是他處……

▌吉林市歌舞團 —— 流動的城市名片

　　吉林市歌舞團是關東大地上綻放的一朵奇葩，是魅力吉林市一道亮麗的風景，是一張流動的城市名片。

　　她一舞傾城，從一九九八年首次叩開央視春晚的大門，吉林市歌舞團已連續十七年在除夕之夜匯聚世界的目光。

　　吉林市歌舞團是一個有著光榮傳統的劇團。它的前身是一九四三年誕生的八路軍冀東軍區「堅兵劇社」，一九四七年整編為「解放軍 46 軍文工團」。在硝煙瀰漫的戰場，她是一支「文藝輕騎兵」，用激昂的軍歌和鏗鏘的勁舞給人民軍隊以極大的鼓舞。一九五八年整體轉業，易名為「吉林市歌舞團」。我國著名的老一輩音樂家李劫夫及歌曲《我是一個兵》作者岳侖等均在該團工作過。

▲ 吉林市歌舞團演出劇照

吉林市歌舞團是一個藝術門類齊全、專業人才聚集的綜合性藝術團體，能夠演繹歌劇、舞劇、音樂劇、交響樂、民樂等多種藝術形式。曾先後上演過《白毛女》《五朵金花》等十幾部大型歌劇、舞劇，還多次應邀參加國家文化部等部委組織的大

▲ 吉林市歌舞團參演《復興之路》

型文藝演出活動。二〇〇六年，吉林市歌舞團出演由張藝謀執導的大型歌舞劇《圖蘭朵》，在法蘭西傾情上演。近年來，還出訪意大利、日本、美國、韓國、朝鮮等二十多個國家及中國香港、澳門、台灣等地區，受到極高的讚譽。二〇〇八年，參加了北京奧運會及殘奧會的開幕式、閉幕式演出。

二〇〇九年九月二十日，大型音樂舞蹈史詩《復興之路》在人民大會堂首演，引起了強烈反響。很多觀眾表示要「給所有的演職人員打滿分」，而整台節目的舞蹈主力軍就是吉林市歌舞團。

如今，吉林市歌舞團的演出足跡遍布除西藏之外的所有省、直轄市和自治區。隨其所到之處，吉林市的城市形象做了一次又一次的精彩亮相。

▍吉林市電視劇現象 —— 享譽全國的文化品牌

　　吉林市電視劇品牌是我國文化領域中一道令人矚目的文化景觀。東北地域文化中的民族性、原生態，以及所富含的開拓進取的創業文化品格、與時俱進的時代氣息和追求現代文明的品質，不僅成為吉林市電視劇的表現內容，亦成為支撐吉林市電視劇品牌的文化內涵。

　　一九八三年，吉林市就開始拍攝電視劇。單本劇《五個半月的廠長》是吉林市拍攝的第一部電視劇。此後，又拍攝了《雨城平常事》《追趕太陽的少女》等多部電視劇。一九九五年，二十集電視劇《情債》實現首次贏利，也結束了吉林市不能生產長篇電視劇的歷史。一九九八年拍攝的七集電視劇《大學女孩》是一部具有里程碑意義的作品，它標誌著吉林市電視劇創作走向成熟。該劇於一九九九年五月在央視綜合頻道黃金時間播出，囊括了該年度所有國家級

　　▲ 電視劇《靜靜的白樺林》劇照

電視劇大獎。此後，吉林市電視劇創作生產便一發而不可收，相繼拍攝了《冬暖夏涼》《小白玉霜》《非常代價》《紅絲帶》《種啥得啥》《都市外鄉人》《插樹嶺》《靜靜的白樺林》等等。這些電視劇紛紛登陸央視主頻道，令全國觀眾眼前一亮，並多次榮獲中宣部精神文明建設「五個一工程」獎、中國電視「金鷹獎」、全國電視劇「飛天獎」。

吉林市電視劇創作的成功實踐不僅成為各界廣泛關注的文化現象，而且正在形成一個文化品牌，它以特色鮮明的地域文化和樸實感人的平民文化為內核，高揚起一幅展示東北黑土地風情和松花江流域文化的藝術畫卷，並通過主流文化大眾化的表達方式廣泛傳播。

除了吉林市的電視劇讓人記住了「吉林製造」外，還有一大批活躍在影視一線的吉林籍演員，創作出一個個銀幕形象和螢屏形象而廣為人知。他們或是土生土長的吉林市人，或是在吉林市工作生活過，如今以自己的影響力為觀眾熟悉並喜愛，同時也讓家鄉引以為豪。其中比較知名的有章傑、閆學晶、丁海峰、楊童舒、逯長恩、郝鐵男、王世俊、關心偉等。

▲ 電視劇《非常代價》劇照

▲ 電視劇《插樹嶺》劇照

吉林市報刊——躋身全國優秀報刊之林

「吉刊現象」的基本特徵就是吉林期刊在國內、部分國家和地區有著獨特並相對持久的讀者美譽度、市場認可度、專業權威性和學術貢獻力，而吉林市期刊的影響力正是這一現象中不可忽視的重要因素。

截至目前，吉林市現有公開發行的社科類報刊六種，即《演講與口才》《做人與處世》《短篇小說》《道拉吉》《求醫問藥》和《家庭主婦報》。

▲《做人與處世》雜誌

一九八三年，伴隨著改革的春風，在林林總總的全國期刊園地裡，一枝奇葩悄然綻放。它，就是邵守義創辦的《演講與口才》雜誌。作為我國第一本專門研究演講學理論和提高人們口語表達能力的專業期刊，《演講與口才》創刊不久，就引起了廣大讀者的關注和喜愛，發行量成倍增長，短短幾年就突破了百萬冊大關。一九九五年十二月，被評為全國社科類優秀期刊；一九九八年一月，被評為首屆全國百種重點社科期刊；二〇〇一年十二月，被評為全國「讀者最喜愛的期刊」和「讀者每期必讀的期刊」；二〇〇三年春，被評為全國中文核心期刊……如今《演講與口才》仍然保持著它在全國的高發行量，並成為吉林報刊界一張響噹噹的名片。

一九九六年，《做人與處世》雜誌面世，創辦人仍然是邵守義。該刊始終堅持「快樂做人，和諧處世」的辦刊宗旨，旨在弘揚中華民族傳統美德，倡導端方賢善的做人風範，探究積極務實的生存智慧。經過十餘年的不懈努力，雜誌不斷走向成熟，併入選中國期刊方陣，榮獲雙效期刊榮譽，是北方優秀期刊中「唯一美德智慧讀本」。

此外，作為「老字號文學期刊」的《短篇小說》在國內期刊林立的市場上始終站穩腳跟，獨樹一幟，以近半個世紀的努力，推動江城文學和江城作家走向全國。《短篇小說》創辦於一九八四年，前身為一九五六年創刊的綜合文藝期刊《江城》，是全國目前唯一一家專門刊發短篇小說的標誌性期刊。該刊以廣大文學愛好者為基本讀者群和作者群，以全部版面刊發短篇小說作品，年發表原創作品約百萬字，是發表原創短篇小說作品最多的文學期刊。作為全國中文類核心期刊，到二〇一二年底，《短篇小說》在全國同類期刊中發行量已進入前十名。

《道拉吉》是一本朝鮮語的雙月刊文學雜誌。自一九七八年創刊以來，培養了一大批朝鮮族作者，發表了數量可觀的優秀作品。作為省級一級刊物、優秀期刊，《道拉吉》最有影響力的一面，則在於它作為中國朝鮮族三大文學期刊之一，在國外朝鮮族文壇也具有廣泛影響。

《求醫問藥》於二〇〇三年創刊，雖出道較晚，但運行良好，發行量一直逾萬冊，現為吉林省一級期刊、吉林省五十強精品期刊。

《家庭主婦報》創刊於一九九五年，二十年來在全國暢銷不衰，為吉林省文化產業「報刊現象」代表品牌之一，有著巨大的品牌影響力。作為一張市場化程度極高的報紙，《家庭主婦報》從誕生那天起，訂閱和零售就是讀者發自內心喜愛的結果，沒有任何行政色彩的攤派和強制，被評為「中國市民喜愛的品牌都市報」，一直引領著時尚、新銳、可讀的女性報紙潮流。

這些報刊在業界獨樹一幟，呈現一派姹紫嫣紅的絢麗景象，社會效益、經濟效益相得益彰，已經成為「吉刊現象」一道極具代表性的文化風景。

▲《短篇小說》雜誌

▎廣場文化——市民的精神樂園

　　吉林市廣場文化活動由大型廣場文化活動、群眾性廣場休閒活動、廣場文藝賽事、自娛自樂廣場文化活動四大板塊組成，逐步形成了以市政府前廣場為龍頭，世紀廣場、青年園廣場、臨江廣場、生態園廣場為重點，各社區文化廣場為基礎的三級文化廣場活動架構，走上了規模化、系列化、常規化、品牌化的發展道路。

　　一九九九年以來，隨著城市經濟的快速發展，吉林市的市容市貌也發生了日新月異的變化。吉林市人民政府先後組織修建一一六個沿江文化休閒廣場，其中能夠容納萬人以上的廣場有五處，容納千人以上的廣場有十一處，百人以上的達一百處。這些廣場的建成使用既為廣大市民提供了良好的休閒環境，也為城市廣場文化的發展創造了條件。

▲「松花江之夏」廣場文化活動周

秉承高雅藝術進廣場、拉近百姓與高雅藝術距離的文化理念，吉林市的廣場文化活動曾邀請中央芭蕾舞團、遼寧芭蕾舞團、巴基斯坦國家藝術團、老撾中央藝術團和吉林省交響樂團等五十多個不同國家、省市各級著名文藝團體前來獻藝，並舉辦露天電影晚會、大型文藝表演、文化賽事及文化展示等豐富多彩的文化活動。朝鮮族、滿族的民俗舞蹈和具有東北特色的大秧歌，吸引了市民和外地遊客的眼球；交誼舞、街舞、國標舞、搖滾樂、太極拳、太極劍、二人轉等紛紛亮相廣場。

　　吉林市政府前廣場坐落在松花江畔。一九九九年建成後，能夠容納兩萬人。每年的「五一」到「十一」，每週五晚舉辦「松花江之夜」週末休閒舞會，每週六晚舉辦「愛祖國、愛家鄉老歌新曲大家唱」群眾廣場演唱活動。此外，「松花江之夏」和「松花江金秋」廣場文化活動周也在此舉行。作為吉林市一個標誌性的文化品牌，它以政府主辦、公益服務為主要特徵，品位高雅、形式多樣，深受廣大群眾的喜愛。

　　每當夜幕降臨，「一江兩岸」燈火輝煌，成千上萬的群眾徜徉其中，或引吭高歌，或翩翩起舞，形成一道璀璨奪目的松花江文化風景線。

▲「松花江金秋」廣場文化活動周

京劇第二故鄉 —— 吉林人的國粹情結

　　京劇在吉林民間的活動，大約是光緒中期開始的。光緒二十一年（1895年），北京河北梆子、京劇演員胡少卿領班來吉林市演出，以《長阪坡》等戲唱紅，就地安家落戶。次年與其弟胡少山（京劇丑行演員）及鹿義海、解增珍等班內演員接管吉林市丹桂茶園，組成京劇班底，不斷邀請各地名角往來演出。光緒二十四年（1898 年）吉林富商牛子厚出資修建康樂茶園，當年接原北京四喜班演員前來演出。

　　一九○四年，牛子厚從牛家在北京創辦的孤兒院以及社會上開始招收學

▲ 京劇票友演唱活動

員，聘請葉春善做班主，創辦了京劇史上的最大科班——喜連成社（後更名為富連成社），先後培養了「喜、連、富、盛、世、元、韻、慶」共八科京劇演員。當年喜（富）連成社影響很大，梅蘭芳、周信芳都先後帶藝入科深造。梅蘭芳在自傳裡盛讚「沒有牛子厚，就沒有今天中國京劇的興盛」。牛子厚創立喜（富）連成社，是中國京劇發展史上重要的里程碑。如果說北京是京劇國粹的誕生地，那麼吉林市無疑就是京劇的第二故鄉。

正是由於牛子厚及其創辦的喜（富）連成社的影響，培育了吉林市人對京劇的熱愛，也鑄就了吉林市豐厚的京劇文化土壤。吉林市專業和業餘京劇活動接連不斷，人才輩出，並推出一批原創劇目。一九五六年，京劇《龍潭燕》進中南海演出，受到黨和國家領導人的親切接見。近年來，市群眾藝術館少兒京劇班、市青少年宮京劇團、市小雪花少兒京劇團等藝術團體，在全國各類京劇大賽中屢獲殊榮，為國家培養了數百名京劇後生，成為全國各戲曲院校人才輸送地。

吉林市京劇協會於一九九四年成立，現有京劇票房十四個，每個月都有數場演出。每年在市政府前廣場舉行的「梨園江城」京劇名家名票演唱會，充分展示了吉林市作為歷史文化名城和京劇第二故鄉的豐厚底蘊。

神奇的滿族剪紙

　　在滿族文明的發祥地吉林，很早就有了剪紙。滿族人最早用皮革、魚皮、麻布、植物葉子等物「剪紙」，那些粗獷的圖案，被用來裝飾衣服、枕頭等物品。這種取材於自然的藝術行為，確定了滿族剪紙造型古拙、粗獷、樸實、簡潔的特點，充滿鄉土氣息與原始風情。

　　在滿族剪紙豐富的題材中，有一個經典的形象，那就是「嬤嬤人」。這個「嬤嬤人」來自滿族人信奉的薩滿教。薩滿教中神靈特別多，天神、地神、祖先神、家神⋯⋯總計約一百七十多個，其中有一百六十多個嬤嬤神。嬤嬤，就是老太太，嬤嬤神即老太太神。嬤嬤神管事特別多，有管子孫繁衍的，有管兒女結婚的，有管進山不迷路的等等。所以滿族的孩子有剪「嬤嬤人」的遊戲，剪的嬤嬤人都是正面站立，兩手下垂，五指張開，五官為陰刻，鼻子呈三角形，其服飾都是滿族裝束；有的也將嬤嬤人剪成前後兩片，可坐可立；還有的頭部單剪，有個長脖子可以插到衣服裡。除了「嬤嬤人」之外，龜和蛙作為圖騰也是剪紙最常見的題材。「眼睛用香火燒，身上不打毛」，這些都是典型的薩滿文化的遺跡。

　　心靈手巧的滿族藝人把人物、景物、花鳥、走獸都剪入自己的作品，裝點平凡的生活。許多剪紙剪的就是滿族人物，不僅有恢宏的題材，還有細微的情趣。諸如滿族地道的髮式和服飾，常見的生活場景，庭院祭祀、花轎迎娶、日暮樵歸、白山狩獵、老林挖參、爬犁送糞等，還有「人參娃娃」「烏鴉救主」「射獵」等等傳說故事都躍然於紙上。同時，滿族剪紙還是家居裝飾枕頭、鞋帽和服飾的樣板。

▲ 剪紙《索羅杆子戳門外》陳國璋 作

滿族人崇尚白色，因此滿族祭祖的掛箋剪紙是白色的，一般都是掛單數，上面有滿文。逢年過節，滿族人都喜歡貼窗花。用彩紙剪成各種鳥獸花卉、古今人物，貼在窗戶上栩栩如生，充滿活力。懸掛於門窗橫額、室內大梁上的掛箋，用五色彩紙做成，長約四十釐米、寬約二十五釐米不等，中間鏤刻雲紋字畫，如豐、壽、福字，下端剪成犬牙穗頭，五彩繽紛，喜氣洋洋。過春節時滿族人都用紙糊棚，在棚的中間貼上剪紙「團花」，四角裝飾剪紙「角花」。西牆上的祖先牌位前也貼著剪紙掛箋。

滿族藝人的剪技獨特，有著明顯區別漢族剪紙的表現技巧，造型古拙，線條粗獷，把複雜的場面表現在一個畫面上，很像古代的岩畫。

滿族剪紙按用途與內容可分為始祖神話剪紙、神靈崇拜剪紙、薩滿崇尚剪紙、風物傳說剪紙、傳統習俗剪紙和現實生活剪紙六種。它是靠長輩教晚輩等方法一代一代口傳心授傳承下來的，多為母親教給女兒，姥姥教給外孫女，多在婦女中傳承，少見師徒相傳。

▲ 剪紙《大缸小壇漬酸菜》
陳國璋 作

▲ 剪紙《養活孩子吊起來》
陳國璋 作

▌巧奪天工的松花湖浪木

　　作為吉林市獨有的一種藝術形式，松花湖浪木在全國根藝界獨樹一幟，被譽為「關東三寶」之外的又一寶。松花湖浪木和吉林隕石、吉林霧淞、松花江奇石合稱北國江城的「天然四絕」。

　　松花湖浪木是特定的歷史與自然環境共同創造的。二十世紀三〇年代，在松花江上游攔江築壩修建豐滿水電站，形成了湖區面積達五五〇平方公里的松花湖，成片的原始森林被浸入湖中，岸邊一些紮根不牢的樹木以及漁民和垂釣者燒剩的柴火，也陸續被捲入水中。這些樹木經過幾十年水浪的侵蝕沖刷，經

▲ 松花湖浪木《天獅》吳德義 作

過風吹、日曬、雨淋、霜浸、雪凍，蝕其糟粕，餘之精華，鬼斧神工地造就了千姿百態、栩栩如生、天然成趣的各種浪木。一九八三年，時任吉林市美術公司經理兼工藝美術研究所所長的宋繼中在《江城日報》上發表了一篇散文《浪木寄情》，由此松花湖浪木被命名並逐漸傳播開來。

松花湖浪木「七分天成，三分雕琢」。浪木藝術家們選料講究，每每面對材料都要反覆揣摩，確定創作主題，經過蒸煮、陰乾、燒烤、造型、打磨、上蠟、拋光等十幾道工序，一件惟妙惟肖的藝術品始告完成。這樣的浪木作品外觀光滑細膩，手感極好，色彩持久，富有力度。由於松花湖浪木依託於自然天成的樹根，決定了其具有不可複製性、無法仿造的特點。

一九八六年，吉林市松花湖浪木藝術研究會正式成立。在會長高紹盛的帶領下，開始了合力拚搏與團隊發展。先後組織會員參加中外各級展覽、展會一百多次，獲獎達千餘人次，獲「劉開渠根藝獎」金、銀、銅牌百餘枚。在中國優秀根藝作品大展中，松花湖浪木藝術研究會曾榮獲團體金牌「五連冠」的殊榮。在吉林市博物館設立的「松花湖浪木藝術館」，是中外遊客的必到之處。松花湖浪木作品以其「千姿百態，天然成趣；粗獷豪放，鄉土味濃；深沉凝重，古樸典雅；無損資源，變廢為寶」等獨有魅力豐盈著民間藝術寶庫，被評為吉林市「十大城市名片」之一。

如今，松花湖浪木經過近四十年的發展，因其特有的神韻，已成為吉林市乃至吉林省極具特色的一個文化品牌。

▌抱樸守拙的樺甸農民畫

樺甸農民畫起步於二十世紀七〇年代，以樺甸農民畫家為主力軍。在黨的十一屆三中全會後，隨著富民政策的落實和農民生活水平的提高，農民畫家們憑著自己對生活的長期感受、認識與評價，憑著自己熾熱的情感和豐富的想像，憑著自己長期在民族和民間藝術活動中形成的審美心理，大膽地創造屬於自己的繪畫語言，表達對家鄉對故土的熱愛之情，使農民畫這朵「山花」在長白山腳下的黑土地上蓬勃綻放。

樺甸農民畫的創作題材非常豐富，並善於從民間藝術和現實生活中尋找靈感，以獨特視角發掘其日常生活中的美。拙樸童稚的構圖形式，高亢激越的色彩效果，親切感人的生活內容，高度概括與誇張的繪畫風格，質樸自然，意趣高遠，具有濃厚的生活氣息、鮮明的時代特徵和地域特色，反映了新時期農民的思想感情、美學追求和精神風貌。濃郁的鄉俗鄉韻，給人以強烈的美學享受。

樺甸農民畫在國內外各級美展中參展作品多達 2922 件。其中 186 件作品在美國、日本、加拿大等國展出；350 餘件作品被中國美術館、中國民間美術博物館、浙江美術館等展館收藏；1200 餘件作品參加國家級展出，720 餘件作品獲獎，22 件作品獲一等獎；102 件作品入選《中國農民畫優秀作品集》《全國現代民間繪畫優秀作品集》《中國首屆農民藝術節精品集》等畫集。

現在，樺甸市先後成立了六個民間繪畫研究會，骨幹作者有六十餘人，其中康梅花被文化部命名為「中國現代民間繪畫優秀畫家」；張德年等二人獲「中國現代民間繪畫優秀畫家」提名獎；陳淑江等五人被評為「吉林省民間藝術家」；王詠梅等十人榮膺「吉林市民間藝術家」稱號。這些人成為樺甸農民畫的領軍人物。他們憑著對生活的熱愛和對藝術的執著，一直堅守農民畫陣地，克服重重困難，孜孜以求。

一九九一年、二〇〇八年樺甸市先後被文化部命名為「中國現代民間繪畫之鄉」和「中國民間文化藝術之鄉」。二〇一〇年，樺甸市農民畫在中國首屆農民藝術節上榮獲文化部、農業部、中國文聯聯合頒發的「一村一品」項目獎。

▲　農民畫《白樺風情》王詠梅 作

獨樹一幟的吉林刀畫

　　刀畫是刀筆油畫的簡稱，是以自製的鋼刀為主要工具，刀筆結合，採用油畫顏料，通過色彩在紙布上被消減達到塑造形體的目的。在繪畫過程中，它吸取了油畫和國畫的有益經驗，將皴法等一系列中國畫精髓技法淋漓表現，既含有中國畫蒼勁古樸的深遠意韻，又有油畫色彩冷暖對比、立體空間變化豐富的特點；既洋溢著傳統的典雅，又充滿時代的審美情趣。

　　吉林刀畫雖發軔於敦化，卻是在吉林市生根開花的一種藝術門類。敦化是一個寧靜淳樸的小城，豐富的林業資源使板式家具成為二十世紀六、七十年代每個家庭的必需品，這使得家具畫應運而生。一九七八年的一個下午，敦化市林機廠的工人宋萬清正在木板上畫油彩畫，一不小心畫板被淌下的油彩玷污了。宋萬清隨手用一根鐘條刮去正在流淌的油彩，這一刮卻出現了意想不到的藝術效果。於是刀畫誕生了，並以獨特的藝術魅力被眾多愛好者不斷完善、廣泛傳播。

　　刀畫在吉林市迅速發展離不開一個人，那就是林寶君。林寶君出生在敦化，幼年時即酷愛繪畫。接觸刀畫後，拜宋萬清為師，苦心鑽研，成為刀筆油畫的重要發軔者。林寶君的刀畫作品意境高遠，氣勢恢宏，蘊含著白山松水萬千變化的瑰麗與壯美。他在吉林市傳道授藝多年，使刀畫在北國江城影響逐漸擴大，並由此走向全國。

　　今天，吉林刀畫的創作隊伍日益龐大，裝飾價值、收藏價值日漸提升，已成為吉林市一個響亮的文化品牌。

▲ 刀畫《風景》林寶君 作

奇絕的易拉罐藝術

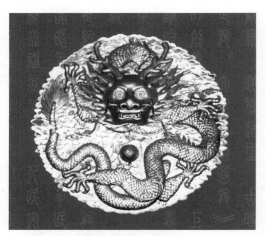

▲ 易開罐作品《團圓龍》 由守義 作

二〇〇〇年，經過十幾年不懈探索，由守義設計製作了大型易拉罐浮雕作品《團圓龍》，以強烈的震撼力登上了藝術殿堂。

《團圓龍》以圓形正龍形象示人。龍浮雲日，氣勢磅礡，莊嚴肅穆，矯健激越。作品突破了易拉罐材質的侷限，採用了分鑄與銲接工藝，通過獨特的技術與完美的設計，充分顯現出易拉罐材質的輕盈度與光澤感，不同曲線與弧線的變化增添了作品的凝重感，避免了正像的呆板，煥發出銳氣逼人的激情。

《團圓龍》與《六鶴迎春》《祥瑞麒麟》《五福賀壽》是由守義易拉罐藝術的代表作。由於創作者對美有著驚人的發現，並賦予尋常生活獨特的感悟與創造，使得易拉罐作品的表現題材異常豐富。從器具到建築，從人物到動物到景物，包羅萬象。最能彰顯藝術品質和精神價值的是，由守義的易拉罐藝術讓現代的金屬材質承載了中國的傳統藝術，梅蘭竹菊的清韻，十二生肖的靈動，京劇臉譜的惟妙惟肖，無不精巧地再現出中國工筆畫和寫意畫的意境和神韻。

如今，吉林市博物館由守義易拉罐藝術館已成為吉林地域文化的一大特色，每天都吸引著國內外眾多藝術愛好者和收藏家前來參觀。

別具一格的吉林瓷刻藝術

瓷刻就是在燒製成型的瓷器表面，用高合金刀具進行書畫創作的一門藝術。它既可以表達中國書畫的筆墨技巧與情趣，同時又兼有極為鮮明的雕刻特點。吉林瓷刻的興起並不算早，但形成風格並具有廣泛影響的瓷刻藝術家卻不少，早期有吉化工人沙連仲，後來有自由美工劉世傑以及轉業軍人朱占東，都憑藉精湛的技藝成為吉林瓷刻藝術的代表人物。

▲ 瓷刻《孫中山》劉世傑 作

沙連仲的瓷刻作品在內容上繼承了中國的傳統藝術，以人物、動物、山水、書法為主；在手法上，他做了大膽的創新。為瓷刻作品著色的傳統工藝是用筆塗色，而他則採用搓色法。深紅淡紫，經他的手搓於刻完的點線面上，深淺得當，疏密有致，其色彩不怕水浸，不怕光蝕，歷久彌新。鉗工出身的沙連仲，對金屬有著獨特的理解。他使用的砧子都是自己製作的。他用砧子和靈感，給清涼的瓷注入了生命和情感。

劉世傑自稱為「自由美工」，畢業於美術專業，在構圖、造型、色彩等方面頗有功底，這為其高質量的刻瓷造像奠定了基礎。由於左手傷殘，無法像常人一樣用雙手協調操作傳統的刻瓷工具，他設計出了一種只用右手就能操作的鋼鑿——刀錘一體。他的長項是本色瓷刻，以刻為主，儘可能地顯現出「刻」的本來面貌。在他創作的多種題材作品中，名人肖像系列尤其受到青睞。他相繼為冬奧會冠軍韓曉鵬、鋼琴王子理查德·克萊德曼等刻製了肖像作品，並被本人收藏。

曾在部隊任文化幹事的朱占東，同樣在人物肖像雕刻上技藝不凡。他的作品《航天英雄楊利偉》二〇〇六年在第二屆天津國際藝術品收藏博覽會上獲得

金獎。朱占東還將中國獨特的瓷刻藝術帶出了國門。隨部隊在非洲維和期間，他的瓷刻作品曾作為中方禮品送給了聯合國駐利比里亞特別代表阿蘭多斯、維和部隊總司令奧比亞克中將。

如今，瓷刻這門傳統的藝術形式，在吉林瓷刻藝術家的手中正煥發著新的藝術生命。在沙連仲、劉世傑和朱占東的帶動下，一批熱衷於瓷刻的藝術家正以他們千姿百態的作品，豐富著吉林市的藝術百花園，並使吉林市的瓷刻成為一道耀眼的文化風景。

▲ 瓷刻《寒江雪柳》劉世傑 作

妙造自然的玉米葉工藝品

玉米葉被人當成垃圾，但對於吉林市的趙廣清來說，卻是寶貝。他通過多年的研究，用玉米葉創作出一幅幅精美的藝術作品。他的作品在日本、加拿大等十一個國家展出，有七十餘幅作品被九個國家和地區的友人收藏。

二〇一一年十月，趙廣清的玉米葉畫獲國家發明專利。同年十一月，在第五屆中國專利周吉林省份會場，趙廣清展示了用玉米

▲ 玉米葉作品《振翅》 趙廣清 作

葉製作的人物、花鳥、書法作品近二十幅，其中大幅畫《百魚行跡圖》達兩平方米多，小幅畫《秋趣兒》只有巴掌大。這種玉米葉藝術品無論大小，都需經過剪、烙、貼等三十二道工序。趙廣清的夢想，是將玉米葉畫打造成廣受歡迎的東北特色旅遊紀念品。

趙廣清以大眾生活為題材，用獨特的創作技巧，製作了五大系列、七百餘種玉米葉工藝品。這些作品被專家贊為「妙造自然，玉葉天成，湊理有致，筋脈奇靈」。

▌仿真昆蟲工藝品

▲ 模擬昆蟲工藝品《蝴蝶》

永吉大口欽鎮和其他地方有一點不同之處，那就是這兒的黃土比別的地方要黏得多，密度也高得多。一九九〇年八月，從小喜歡畫畫的王振剛無意間用一大塊黃泥捏出一個栩栩如生的昆蟲，這讓他從此踏上了一條不同尋常的創作和創業之路。構思、設計、畫圖、捏型、安裝腿腳毛鬚、上色、晾乾，王振剛很快就探索出一整套製作黃泥昆蟲的工藝流程，並做出了十幾個人們常見的黃泥昆蟲：甲蟲、蠍蠍、蛐蛐、螞蟻、蜜蜂、蝴蝶、螞蚱……

王振剛成立了自己的工藝品廠。為打開國內市場，他差不多跑遍了全國知名的小商品批發市場，並成功地打進了黑龍江、遼寧、天津、浙江、江蘇等地的市場，取得了良好的效益。

隨著人們對黃泥工藝品的認識與欣賞能力的提高，客戶們對產品的要求也不斷提高。開始王振剛做的昆蟲儘管也很像真的，但仍屬於「象形類」作品，而如今更多客戶要求的卻是被稱為「仿真類」的產品。這種仿真類工藝品要求不論是體積、顏色、形狀等均要和真的昆蟲一模一樣，就連昆蟲的觸角、鬚毛、線條、紋理等也要求絕對逼真，絲毫不差。為了使作品更加形象，更加神似，王振剛攻讀鑽研了二十多本關於昆蟲的書籍，記下大量的讀書筆記，這些都為他製作仿真昆蟲工藝品奠定了最堅實的基礎。

如今，王振剛的作品已經遠銷海外五十多個國家和地區，先後為日本、中國台灣、中國吉林等國內外博物館製作了四十多種瀕臨滅絕的黃泥仿真昆蟲標本。

第六章

文化風俗

吉林市素稱「福地」「寶地」，天贈天賜，松子之香，野蜜之甜，東珠之美，人參之神，鰉魚之珍……而由此衍生的採貢文化、淘金文化、鷹獵文化……更使一方山水風情萬種。

關東大地有許多古老的傳說，有許多不可思議的習俗，這習俗和經常冰封的土地有關，和這片土地上斑斕的文化有關。這裡的人勇敢豪放情濃似火；這裡的人善於詩意地、創造性地生活。

滿族傳統民居——四合院與老屋

滿族傳統民居是典型的三合院、四合院，現在吉林市龍潭區烏拉街的魁府仍保留著原貌，有正堂和東西廂房。一般人家院內對著大門有影壁，影壁後面有神石，石上立神桿，也叫索羅桿，是祭祀用的。吉林城內因為怕失火，多蓋成「四不露」的，即牆上不露木椽等，正房與廂房間有迴廊相連，院內甬道上鋪方磚。城內老民居院牆有磚砌的，但大多為松木板障；鄉下過去多以木柈子夾障子；而烏拉街則用黃土打牆，那裡流行的歌謠「黃土打牆牆不倒」，就是指烏拉街三大怪之一，經過多少年風雨，牆根上僅剩幾寸厚，仍像棒槌一樣挺立在那裡。滿族民居多處都飾有磚雕，房屋的「山花牆」上雕有荷花、花籃、雙魚等吉祥圖案，就是草房的山牆簷頭的「搏風板」，頭上也雕有圓形圖案，有葵花、荷花、牡丹等，山牆正脊上懸有木雕魚墜。滿族的磚雕獨具特色，美觀大方，雕工細膩，圖案喜慶。現存的烏拉街後府、魁府等建築的山牆上，還可以看到這樣的磚雕。

滿族管平房叫老屋，大多為三間或五間。以三間為例，中間為堂屋和廚房，祭祀時在二梁上架以祖先堂，廚房地面上砌有灶台，灶台北牆上供有灶王神。滿族以西屋為大，一般在西牆上供有祖先匣和子孫繩及譜書。屋內為「萬字炕」，即三面為炕，但西炕忌坐人。箱櫃上擺有膽瓶、座鐘、描金匣子等。炕梢擺有老式的疙瘩櫃，也叫描金櫃。過去櫃的上面擺滿被縟枕頭，被縟上的繡花腰帶，刺繡精美的方形枕頭頂，加上炕沿上方幔帳桿上的幔帳套，窗戶上貼著的窗花，棚頂上貼著透氣眼的蝴蝶形剪紙，牆上貼著年畫，到處花團錦簇，令人賞心悅目。冬天大姑娘小媳婦坐在炕上，一邊在火盆上烤黏豆包，一邊嗑著瓜子，一人手裡操著一桿大煙袋，啦啦地吸著，再順手推一把悠車中悠著的孩子，簡直就是一幅美不勝收的農家生活情趣圖。如今到吉林市霧淞島旅遊的遊客，還可以看到此情此景。

▲ 烏拉街魁府

烏拉街魁府

　　魁府，位於吉林市龍潭區烏拉街鎮鎮政府西側。

　　魁府的主人王魁福，光緒年間曾出征伊犁，在戰場上頸後受重傷，幸而未斷喉嚨，治癒後受到光緒帝的「覲見」和褒獎，晉為副都統，賞賜金銀，衣錦還鄉，修建府邸。

　　魁府始建於光緒元年（1875 年），是迄今為止保存較好的清代兩進四合院。魁府門房三間，花牆（今拆除）隔開前、後院。前院除與大門相連以外，東西廂房均為奴僕所居。二道門位於花牆正中，與正房相對以迴廊相通，是主人居住的庭院，有正房五間、東西廂房各三間和東西耳房各一間，均以「風火山牆」與前院相連。

　　二〇一三年，魁府被國務院批准為國家級重點文物保護單位。

▲ 烏拉街魁府

▲ 烏拉街薩府

236

烏拉街薩府

　　薩凌阿宅府，俗稱「薩府」，又稱「前府」（與第三十三任打牲烏拉衙門總管雲生的後府對應）。位於吉林市龍潭區烏拉街鎮，現永吉縣第三中學院內。

　　薩府始建於清乾隆二十年（1755 年），原係打牲烏拉總管衙門第十三任總管索柱的私人府邸，之後數易其主至薩凌阿。

　　薩凌阿（？-1905 年），吳姓，滿洲正白旗人，人稱薩大人。咸豐初年任打牲烏拉總管轄下珠軒達職，繼為驍騎校，補馬隊參領，隨將軍金順出征，累升為全營統領。在軍營十數載，多次負傷，因功賞頭品秩，雙眼花翎，補烏拉協領職。光緒十四年（1888 年）奉調甘肅任欽差大臣。光緒三十年（1905 年）卒於烏拉街。

　　薩府主體建築為二進四合院，現存正房五間，前出簷廊，東西兩廂房四棟，每側兩棟各三間，門房五間。灰瓦屋面，牆壁兩側繪滿了富有薩滿氣息的壁畫。門房和院落保存基本完好。

　　二〇一三年，薩府被國務院批准為國家級重點文物保護單位。

▲ 烏拉街薩府

老吉林人的衣著穿戴

▲ 四塊瓦氈帽

清末和民國時期，滿族人和漢族的穿戴大體相同。稍富一點兒的穿長衫，一般人上身夏天穿布衫，冬天是光板棉襖（無襯衣），下面是抿襠褲，就是褲腰像個口袋，抿一下再用腰帶子紮上，褲腳用「寸帶子」綁住。春秋則穿袷襖，一些窮苦人家冬天把棉花套子絮進去當棉衣，春秋季再掏出來當袷襖穿。冬天上山打獵或外出趕車的車老闆子（車伕），則穿皮襖、皮褲。皮襖多羊皮的，有長有短；有的人嫌穿皮褲笨，就穿只有褲腿沒有褲腰的皮衩褲。滿族人冬夏都戴氈帽，夏秋是帶散沿的，冬天和漢族人一樣戴氈帽頭，外面是氈子裡面襯布絨，在「帽耳子」上釘帶毛的皮子，帽耳子平時窩進帽頭裡，天冷時放下來。冬天更多的是戴皮帽子，有狍皮的、跳貓皮（兔皮）的，高貴點兒的人家戴狐狸皮、猞狸皮、貂皮的，滿族人忌戴狗皮帽子。大多數人夏天戴一頂秫秸篾編的草帽，形狀如清朝士兵戴的尖頂圓形帽，晴天可以防曬，雨天可以防雨，歇息時可以當坐墊。冬天人們外出普遍在手上戴「手悶子」，有棉的有皮的，形狀是只有大拇指分叉，其他四指縫在一個窩內。手和腕部上還可以戴圓筒形套袖，兩隻手袖在裡面很是暖和。

滿族女人和男人穿戴大體相同，不過男式衫褂有帶大襟的，也多有對襟馬褂式的，也有人秋冬季節在長衫外面套上馬褂，這樣穿戴不論男女都很時髦。女人冬天則在腦門上戴一「腦箍」，也叫「抹額」，貧富之間所用面料及飾物、

繡工有所不同。兒童則多戴「虎頭帽」、穿「虎頭鞋」，就是在上面繡有虎的頭形。不管女人、兒童，貼身穿有兜肚，上面繡花，睡覺也穿在身上。

　　滿族人的鞋不論單的棉的大多為布製，有圓口、方口之分。女式有繫帶鞋，鞋尖鞋幫上多繡有花。男式特殊的鞋是靰鞡，外絮綁腿，既暖和又輕巧，冬天在雪地裡站上大半天也不凍腳，車老闆子坐一天車也不怕凍。此外，還有類似靰鞡的「蹚蹚馬」皮鞋。夏天有的編草鞋、樹皮鞋穿；冬天還編蒲草鞋穿，蒲草鞋有高幫和矮幫的，鞋底釘有毛皮，穿起來輕巧暖和。也有的人穿氈疙瘩，是一種用氈子做的高統或矮幫的靴子。後來多時興水靰鞡，也叫水襪子，就是現在的單面膠鞋。這種衣著習慣一直保留到二十世紀六〇年代。現在滿族人的穿戴已經完全漢化，並與時代接軌了。

▲ 滿族人的服飾

滿族的傳統飲食

到滿族的故鄉，一定要吃滿族的飯菜。滿族的家鄉菜、宴席有種特殊的香氣。

要說吃滿漢全席，那是官宦人家的大席面，是清朝吉林將軍招待過往顯貴的大菜。這裡揀尋常的滿族菜餚推薦幾樣。

滿族人喜歡火鍋，稱「吃鍋子」。原始火鍋應該是樺樹皮或木桶製的，裡面裝上水，把燒熱的石頭放進去，把水燒開，再放進肉。後來有用泥陶製的，再後來有用銅、鐵製的行軍鍋。傳說是在行軍打仗時，敵人來了，來不及細做，就將所有肉食材料、作料倒入鍋內燉，還傳說這是努爾哈赤發明的。後來用銅火鍋，裡面掛錫，下面燒炭，上面有煙囪。清末又發明了瓷火鍋、琺瑯火鍋，宮內還有用金銀製的火鍋。清朝有「千叟宴」，就是火鍋宴。吉林盛行「烏拉火鍋」，市內及各鄉鎮多以「烏拉火鍋」命名。傳統烏拉火鍋講究四個小菜碟壓桌，講究作料用料齊全，並講究上菜的位置：「前後走，左魚右蝦、四面撒菜花。」火鍋以主人位置為準，前後放走獸飛禽。走獸包括豬肉、野豬肉、鹿肉、狍子肉、牛羊肉，鉋成片、切成塊，後面放飛禽，如野雞肉、飛龍肉等；左邊放魚，右邊放海產品，有蝦、螃蟹等；四周放各種菜品，酸菜、香菜、山野菜，以及蔥花、蒜末兒、凍豆腐等；作料有芝麻醬、腐乳、韭菜花、辣椒油等。如今吃火鍋不只是冬天吃，在揮汗如雨的夏天，也吃得酣暢淋漓。

最典型的菜餚是「白片肉血腸」和「年豬燴酸菜」。滿族很早就學會養豬，喜食豬肉。過年家家戶戶都要殺豬，除祭祖神外，主要是供全家人吃用。殺年豬時，將肥多瘦少或五花三層的肋條肉切成大方塊，放在鍋內烀，再在肉湯中放入酸菜。開席時將烀好的白肉切成薄片蘸著蒜泥吃，香而不膩。尤其是到了滿族人家，大姑娘小媳婦半坐在炕沿上，一條腿耷拉在炕沿邊，另一條腿盤在炕沿上，在一個尺來粗的小圓木菜墩上切白肉，將白肉裝盤後上桌，那種

鄉情別有一番滋味。吃白片肉要配以血腸，將豬血用作料、油和水兌好，灌進豬腸中，煮熟切出來，或放在氽白肉肉湯中，熱後成燈碗形，蘸著蒜醬吃，一種特殊的香氣直沁心脾。

關於白肉血腸，還有一段傳說。清初時，沙俄常跨過邊境騷擾百姓，搶掠燒殺。寧古塔將軍沙爾虎達領兵馬連夜奔襲，衝過黑龍江和羅剎（沙俄）兵血戰了三天三夜。由於清兵人數不多，被羅剎兵圍困在江邊一個小島上。雙方僵持了好長時間，清兵糧草沒了。後方大營裡有個伙伕叫寒吉東古，為救前方將士便想了個辦法。他殺了一口肥豬，把豬肉切成方塊，裝入豬腸子裡煮熟，然後裝入樺皮簍裡，劃著（小船）到上游，編個柳木筏子，把裝豬肉血腸的樺皮簍綁在柳木筏子上，順水向小島漂去。守島的清兵得到了香噴噴的豬肉雪腸，吃飽了渾身是勁兒。夜裡，趁羅剎兵熟睡之際，一起衝殺出來，把圍困他們的敵人全給消滅了。清朝為了表彰寒吉東古，封他為驍騎校，專管運輸肉食的差使。在一次戰鬥中，寒吉東古犧牲了，人們為了紀念他，把白肉血腸叫寒吉東古（滿語發音）。後來，八旗兵的家屬們都學會了做白肉血腸，並流傳到今天。

滿族還講究吃壇燜肉、醬小魚等。宴席喜用碗上菜，有「八大碗席」「三套碗席」等。婚宴有流水席，前桌客人和後桌客人「不落桌」地吃，邊上菜邊吃邊走人。請薩滿祭祖跳神後，為表示謝意要舉辦答謝宴，也叫「攔三宴」，就是再三攔謝之意，今天在烏拉街還有劉姓開的「攔三菜館」。吉林市內的「老白肉館」「滿族火鍋」「烏拉火鍋」「八大碗」等處都在經營傳統的滿族菜餚。

滿族又是喜吃魚的，蛟河的「慶嶺活魚」就是用「把蒿兒」燉魚，現已聞名全國。

老吉林人的出行

舊時吉林江河遍地，水路暢通；陸上驛道縱橫，四通八達。世代居住在這裡的各族人民，很早就發明並製造了一些獨特的交通工具。

過江河用艞艒，這是一種獨木鑿成的小船，僅容兩三人，槳是兩端帶槳頭的。這種獨木舟夏天當船，冬天拉回去當餵牛馬的草料槽子。後來發明用樺樹皮做艞艒，更加輕便，上山打獵過河捕魚時一個人背起來就能走，在江河中穿梭如飛，十分方便。大點兒的船有「三板船」「五板船」等，而在江河渡口上的木船較大，多能載幾輛馬車一起過河。清朝打牲烏拉總管衙門到松花江採捕東珠，在「船營」領取七隻大船，還自備三九九隻艞艒，從吉林將軍衙門前的碼頭出發，旌旗招展，鼓聲震天，人聲鼎沸，浪推船湧，那陣勢可謂浩浩蕩蕩。

吉林過去叫船廠，因為明清時就在臨江門以西建有兵營造船，所以吉林的造船歷史悠久。當時造的船多是戰船和運糧船，後來還為皇帝東巡準備過龍船和花船。

早年吉林人也乘車。有一種鐵車，叫花軲轆車，在木輪的輪輞上釘有鐵瓦。二十世紀早期開始有膠輪車，車棚和鐵車差不多，輪子外側有充氣的膠胎。冬天運行時，在車上可以扣一個轎式的棚子，四周用毛皮或氈子圍上，人坐在裡面很是暖和。

在城內則用帶篷的馬車拉人，有比人力車大的後棚，可以遮風擋雨。一些大戶人家還自備「小車子」，樣式和轎子差不多，不用人抬而用騾馬拉，車比普通大車小一點兒，只能容一兩個人。娶親時也可用這種轎車，人上去時要坐著「委」進去，不能爬，否則叫有失禮節。

吉林的冬季冰天雪地，人們便發明了爬犁，滿語稱為「法喇」，有長桿的和短桿的。長桿又有用牛馬拉的大爬犁和人力拉的小爬犁，爬犁下面是兩根一

丈來長的長桿，長桿在立柱前端　起來一個彎，以利人畜拉拽。桿後部支上 4 根豎木，上搭兩根橫木做成爬犁棚，運柴火時木柴直接放在棚上。運大型木材還有一種前立柱高、後立柱矮的「倒掛爬犁」，粗木材的大頭直接搭在爬犁棚上，運糧及貨物則在木棚上再搭木板。爬犁上也可以圍上鹿皮、狗子皮，做成轎式暖棚，這是供婦女兒童出行時用的。上山打獵時還有一種狗爬犁，滿語稱為「包得氣」或「台裡台氣」，無底下的長桿，但套繩很長，套上幾條狗拉拽，在雪地上奔跑如飛。到了打獵的地點，將套繩從狗脖子上卸下來，狗再和人一起去打獵。行走時人坐在爬犁上，看到兩邊有獵物，吹響野雞哨、鹿哨，引逗獵物飛奔，抬起獵槍就打，給人一種豪氣而愜意的感覺。兒童遊戲用的小冰爬犁，底部鑲鐵絲或樺樹皮，用棍支撐在冰上滑玩，也有供三兩個小孩坐著從山坡上下滑的小爬犁。

　　過去山裡的雪非常大，人走上去能沒大腿根兒，人們發明了「木馬」，滿語叫「恰爾奇克」，類似現在的滑雪板，板底蒙上毛朝外的獸皮，人穿上它行走如飛，去較遠山林中打獵非它莫屬。

　　到二十世紀六〇年代，這些交通工具大部分都還在使用，隨著時光的流逝，逐漸被各種現代交通工具所代替，但現在的山區還普遍使用爬犁。

▲ 牛拉爬犁

吉林民俗「十大怪」

　　吉林民風民俗，古樸而有特色。有「關東三大怪」：「窗戶紙糊在外，養活孩子吊起來，大姑娘叼著大煙袋。」還有自己的「十大怪」：「陽溝路面木頭蓋，煙囪修在山牆外，冰上建房開車店，家家都有籬笆寨，老公公穿錯兒媳婦鞋，一家子睡覺頭朝外，爬犁沒輪跑得快，大缸小壇漬酸菜，反穿皮襖毛朝外，牛馬行餡餅站著賣。」

　　吉林古稱木頭城，城牆是木頭的，街道路面是用松木方子鋪的，路邊陰溝（吉林叫陽溝）溝幫溝底也是木頭的，這就是「陽溝路面木頭蓋」；屋外煙囪也是木桶子做的，城內磚瓦房是磚的，但是大部分煙囪蓋在山牆的外面，離牆有段距離，由煙囪橋子連接，這樣的煙囪煙道通暢，爐灶好燒，這就是「煙囪修在山牆外」；吉林市在沒修豐滿水電站之前，松花江冬天封凍，從樺甸、長白山下來的大車、爬犁滿冰面上都是，吉林人便在江沿靠土堤的冰面上，修上大院子當車店，叫「水院子」，火炕及爐子就搭在冰面上，人們在裡面喝著燒酒，吃著白肉血腸，冰化成熱氣，人冒著大汗，「冰上建房開車店」是北方一道獨特的風景；「家家都有籬笆寨」，那時無論是城內城外的人家都有一個大院子，院牆是用高八尺以上、一吋多厚木板夾的，甚是壯觀；過去吉林人穿的是不認腳布鞋，就是不分左右腳，住在南北大炕上，南炕是公婆，北炕是兒子和媳婦，上炕時鞋一甩，夜間下地有時就隨便趿拉一雙，遂有了「老公公穿錯兒媳婦鞋」一說；吉林人住炕，夜間靠窗戶和牆邊冷，人們睡覺就都頭朝炕沿，從屋地中央看，齊刷刷地人頭朝外睡，這就是「一家子睡覺頭朝外」；爬犁是冬天的重要交通工具，是滿族先人女真人的一大發明，兩條長腿上支四個立柱，上搪兩根橫木，可拉人拉貨，用人或牛馬拉，還有用狗拉的，雖然沒有車輪，但在冰雪地上跑得飛快，這就是「爬犁沒輪跑得快」；「大缸小壇漬酸菜」說的是吉林人在金朝時就學會了用白菜漬酸菜，解決了冬天沒有新鮮蔬菜

的問題。一到秋天，人們早先用泥盆、木桶、地窖儲存白菜，後來用缸壇加水醃漬白菜，使它發酵，這樣能長久保存而不腐爛，吃起來清脆、酸甜、爽口；冬天人們外出多穿皮襖，保暖抗風。過去布和棉花金貴，獸皮卻很多，於是人們多穿皮衣，尤其是獵人和長途跋涉的車伕，更是皮襖不離身。在雪地上反穿皮襖，可以增加隱蔽性，利於狩獵。雪天人們反穿皮襖，雪落在皮毛上，便於抖落，不濕衣服，這就是「反穿皮襖毛朝外」；吉林市牛馬行過去是有名的農貿市場，先是牛馬市，後來是菜市，幾乎天天有集市，附近的人都來趕集。牛馬行賣餡餅的就在路邊擺個攤兒，守著一個大爐子，只能站著烙，站著賣。最後一怪「牛馬行餡餅站著賣」實際上是說，人們沒事站著閒嘮嗑，用「烙」的諧音代替「嘮」。

要是細總結起來，吉林民風中何止「十大怪」，恐怕「十八怪」也有。

▲ 煙囪修在山牆外

▲ 大姑娘叼著大煙袋

▲ 養活孩子吊起來

滿族人的忙年和過年

滿族人過年，首先是忙年，一進臘月門就張羅過年的那些事。

「小孩小孩你別哭，過了臘八就殺豬。」殺豬是頭等大事，鍋頭（滿族專司殺祭祀豬的人）組織人殺豬和灌血腸，左鄰右舍都來幫忙，燉肉燴酸菜、燜飯，再請親朋及全村人吃上一天，吃後把豬肉、豬頭凍上，準備整個臘月和正月用，豬頭和豬爪是留給「二月二」龍抬頭那天吃的。

「臘七臘八，凍掉下巴。」臘八這天要吃「八寶粥」，將下巴黏上，防止凍掉。

臘月二十三，正式進入了年的階段。「二十三，糖瓜兒黏」，這一天家家要吃餃子，還要祭灶，用關東糖將灶王爺的嘴黏上，防止他上天匯報這家做的壞事；「二十四，寫大字」（也有說「掃房子」），過去寫春聯是屯中幾個讀書人才能做的事，所以家家戶戶都去找這幾個人，一寫要寫上一天；「二十五，掃塵土」，打掃衛生，乾乾淨淨過年，再用「窩紙」糊牆和棚，糊完後花紋要對上縫；「二十六，炸豬肉」（也說「做豆腐」），這一天可以炸肉或做豆腐，過去豆腐是上等菜，尤其是吃火鍋，離不開凍豆腐；「二十七，殺公雞」，殺上幾隻雞凍上，因為過年那幾天是不能動刀的，雞諧音「吉」，除了除夕晚上不吃雞外，其他日子都要吃；「二十八，把麵發」，發好麵蒸豆餡餑餑，凍幾簾子再裝缸儲存，過年時上鍋一熱就可以吃了；「二十九，貼對子兒」，這天上午貼對子、年畫、掛簽，凡院門、風門、裡間門、祖宗板、哈什（倉房）、豬圈、雞架、馬棚、車、碾磨，到處都貼成一片紅色，喜慶火爆，象徵一年紅火吉祥。到此，忙年算告一段落。

「三十兒晚上熬一宿」，是正式過年的開始。三十兒這天，大人小孩換上新衣新帽，屋內被褥整潔，院內打掃乾淨，到處洋溢著一股撲面而來的過年氣氛。這天晚上全家人要吃團圓飯，除七碟八碗外，必須有魚，寓意「年年有

餘」。吃完晚飯，各家男人要到十字路口去「燒包袱」（將燒紙用口袋裝上）祭祀祖先。晚輩要給長輩磕頭拜年，長輩要給「壓歲錢」。子時前要接神，除上供燒香外，接財神時要將柴火從大門外抱進來，並高喊「財神進門了」。交子時主人率子弟拜祖先、貼灶王像，請財神、天地爺等。年夜飯和放爆竹將過年氣氛推向高潮。吃過年夜飯，要「講古」（講祖先業績、講故事等），玩陞官圖、擲骰子等。

正月初一，家家比起早。看誰起得早，誰到井沿挑第一擔水，顯示這家一年勤快。早飯吃餃子、放爆竹也要比誰家更早。早飯後全村、全街道人大拜年，人人見面拱手作揖，互道「過年好」。初二到初四人們都是在吃和玩中度過，按時按頓給各處神位上供上香。

正月初五叫「破五」，這天吃蒸餃，叫「捏破五」。各商鋪都準備初六「開市」之事。人們又將初一到初十分別安排為「一雞、二狗、三豬、四羊、五馬、六牛、七人、八穀、九果、十菜」，通過天氣情況預測各主事的日子豐欠旺衰。

過了初六，人們就開始操辦秧歌。滿族秧歌是男人頭戴滿族帽子，女人頭戴紙紮的「花山」，隊形、舞蹈樣式都是仿滿族的漁獵習俗、戰爭得勝、男女相愛、婚禮風俗等，多喜慶火爆場景。路上兩隊相遇時，領隊要舉行「對刀把」等禮節，隊伍要走「編蒜瓣」等隊形；漢族秧歌中多扮故事，以「西遊記」故事為多，還有「跑旱船」「老漢背妻」「大頭人」等等，演唱有「秧歌帽」及各種小調，二人轉中的喜慶唱腔都能用得上。

▎烏拉滿族婚俗

　　吉林是滿族的發祥地，如今吉林市龍潭區烏拉街滿族自治鎮居住著眾多滿族人口，他們的婚俗中仍然保留著許多滿族的傳統儀式。

　　「打下處」與「插車」。滿族青年過去常在軍營結婚，或因離新娘家較遠，一天內新娘到不了地方，就在半路住宿，要「打下處」，第二天早晨臨走時要留有「壓炕錢」。迎親隊伍和送親隊伍在半路上相遇或兩支娶親隊伍相遇，叫「插車」，車伕需交換鞭子以示禮貌；路上遇到官轎，官轎得讓路。

　　娶親的隊伍要大繞村鎮後才能到新郎家。迎送新娘的隊伍長長的，新郎騎馬，新娘坐轎，鳴鑼開道，鼓樂跟隨；將到新郎家時，過去是圍繞新郎的居住地大繞數圈，一圈比一圈小，最後到達新郎家。現在娶親隊伍仍然要繞著村屯、鄉鎮的外圍道路多走幾圈。

　　戴銅鏡和射箭。新娘在上花轎前要在身前身後戴銅鏡，將邪氣反射出去。下花轎前新郎要用小弓箭照著轎底下虛射三箭，表示「去煞氣」，所用箭多無箭頭。

　　「抱寶瓶」和「倒寶瓶」。新娘下轎後，由司儀將寶瓶遞給新娘抱著，再上炕或入帳「坐福」。寶瓶一般為木製或錫製，後來用瓷瓶，有似瓶的有似壺的，裡面多裝金銀錁子、珠子、五穀糧等。瓶口用紅布綢紮上，寓意多福多財。「回門」前一兩天晚上，新婚夫妻坐在炕上，兩人將大衣襟對搭成兜狀，由親友中年長並「

▲ 滿族婚俗

全科」的婦女將寶瓶左右各倒三下，接連倒三次，還要念叨「一倒金，二倒銀，三倒兒女一大群」。也有的將瓶中米煮成粥讓新婚夫婦吃，以期多福多祿多子女。

▲ 滿族婚俗

「拜北斗」，也稱「拜天地」。新娘蒙著「蓋頭」下轎後，由司儀引領，沿地面所鋪紅氈走到院中預設的天地桌前，然後新郎新娘一同跪著向北方三叩首，謂拜北斗七星，此俗源於滿族的「星祭」。

唱「阿察布密歌」。阿察布密歌就是合巹歌，滿語「阿察布密」，漢譯為「使……合在一起」「合巹」等多重意思。在中午新婚夫婦合巹時，由婚禮主持人或大薩滿用滿語唱，伴以薩滿鼓舞，唱詞多是喜慶、吉祥、祝福的詞語。唱時大薩滿分三次割豬肉或羊臀肉，每割一片向空中北斗星方向拋一次。

跨馬鞍。滿族在坐帳的帳篷前設馬鞍，現在也有在新娘下轎走紅氈路上設馬鞍子的，新娘從馬鞍上跨過去，表示平平安安。也有同時加一隻火盆的，象徵以後日子紅紅火火。

「坐帳」。過去滿族多在軍旅帳篷中結婚。在婚禮上設一帳篷，新娘在其中「坐福」，後來「坐福」才在新房的炕上，坐在用被褥蒙著的斧子上，諧音「坐福」。坐帳時新娘要「開臉」，有的坐帳後入洞房，有的在帳中住一宿。新郎要在帳外等候，或繞帳三週，直到新娘應允，新郎才能進去。

如今很多古老的婚俗已經消失，如「掛枕頭簾子」顯示新娘的「枕頭頂」刺繡水平等。還有的加入了漢族的禮俗，也有隨著時代的發展而增添了新的元素，如滿族歌舞等。但不管如何變化，滿族傳統婚俗在烏拉街這一地方仍然被保留著。吉祥喜慶，紅火熱鬧，吸引著周圍十里八村的人都來觀看。

元宵燈節與「打燈官」

　　農曆正月十五元宵節，各商鋪住戶爭相掛綵燈。從正月十四到十六共三天，男女老少夜間出來觀燈、打燈謎，加上「走百病」「軲轆冰」等其他遊藝，老吉林的北大街、河南街、順天街及翠花胡同最是熱鬧。相沿至今，元宵節的綵燈展已成為吉林市的一大特色。

　　伴隨著燈節，清末和「中華民國」期間吉林地區還盛行過「打燈官」。「打燈官」的「打」是扮的意思。過去在燈節期間，京城設最小的燈官，管這三天的燈事，後來便演變為由民間推選燈官。以烏拉街為例，一進臘月，各商戶為招徠顧客，紛紛在門臉上掛燈籠，尤其是燈節這三天，各家的燈出奇制勝，總

▼ 松花江上的彩燈

想壓人一頭。這三天要有燈官主事，燈官由商會或民間推薦，一任三年。燈官配有燈官娘子，外加兩頂敞篷花轎，八名轎伕，還有跟隨和衙役，這些人都由燈官選定。燈官穿清朝的官服，娘子穿紅掛綠，衙役執紅燈、水火棍鳴鑼開道。燈官隊伍可單獨走，也可隨秧歌隊走，查看商戶和各家的燈是否合格，邊檢查還邊唱：「正月裡來正月正，正月十五掛紅燈。哪家不把燈來掛，本官罰他不留情。」有燈不亮或不順眼的，張口就罰，罰煙、酒、茶、錢等。連警察署他們也敢罰，各家也樂得挨罰，圖的是熱鬧。烏拉街燈官還有個特殊習俗，正月十四早晨辰時上街，先拜關帝廟，再拜城隍廟，然後到打牲烏拉總管衙門吃完早飯算是上任，正月十六送燈後卸任。如今這一習俗隨著時代的變遷，已經被人們淡忘了。

新中國成立後，吉林市在元宵節期間舉辦了多次大型燈展。1963 年燈展設在上海路和河南街，800 多盞綵燈連展三天，觀眾達八萬多人次；1964 年展出綵燈三千多盞；1977 年展區在松江路，展出綵燈三千多盞；1984 年在松江路和土城子設兩個展區，3600 盞綵燈連展三天，觀眾達 80 多萬人次；1987 年三月，為歡慶全國第六屆冬運會在吉林市舉行，設松江路、江北公園兩個展區，1800 多盞綵燈連展四天，觀眾達一百多萬人次。

　　多少年來，吉林市的元宵節綵燈展已形成規模，並各具特色。其中一九八四年那次燈展，十里長堤綵燈一齊開放，岸上雪柳，江中燈影，如兩條火龍游弋；江北遵義路兩旁二百多盞綵燈，還有由六五〇名兒童組成的「提燈會」，燈火輝煌，火樹銀花，天上人間，熱鬧非凡。近年舉辦的大型燈展，綵燈製作越來越精美。江面上游動的大型綵燈船，配上用燈光裝飾的柳樹、樓房、景點，流光溢彩，把江城的夜晚扮得更加美麗。

▲ 松花江上的彩燈

▌「打春水兒」與開江魚美食節

　　松花江開江在清明前後。每到開江之時，捕撈「開江魚」是吉林人相沿數百年的習俗，稱為「打春水兒」。

　　在松花江上「打春水兒」，無論一家一戶還是多家多戶，都要由「網達」（捕魚的頭領）負責祭江。捕魚用搬網、旋網、絲掛子等；在上游江汊子的窄處，可以下號稱迷魂陣的「圍網」；江面較寬的地方都用大拉網攔江蕩捕。江湖上魚密度大的地方，可以用「漂白桿子」的方法，就是在船幫朝岸邊的方向綁上一根白樺木桿，魚有夜間向岸邊覓食的習慣，船從上游向下飄，魚望見白木桿，急於跳過去，就跳到了船上。「打春水兒」是一件非常有趣的事。

▲ 松花湖開江魚

▲ 祭江儀式

遼朝皇帝有「春捺缽」，就是開江時到松花江上紮營釣魚，並賞賜群臣。清朝時打牲烏拉總管衙門將開江魚作為貢品獻給朝廷。

二〇〇六年四月開江前，吉林市舉辦了首屆「松花湖開江魚美食節」，以後歷年如期舉行。美食節上，用隆重的滿族傳統祭江儀式開幕，恭讀祭文，當場殺神豬擺供品，點燃「安息香」祭松花江江神，將新鮮豬血灑到江中，據說是祭給龍王府烏龜小王爺的，它最喜吃豬血。在儀式上，薩滿們戴神帽、穿神服、紮腰鈴，手敲神鼓，跳起薩滿舞。廣場上數支滿、漢、朝鮮族秧歌隊扭起歡快又各具特色的秧歌。在邊唱邊舞中，將儀式推向高潮。

捕魚的船隊迎著陽光在松花湖上撒下片片絲網。漁工們劃著船，唱著漁歌，將網從水中拽起。網上的鯉魚、草魚、鱅魚金翅金鱗，不一時船上已是鮮魚滿倉。人們從中選出一條最大的魚，作為魚王進行拍賣，奪得頭魁之人，將魚雙手托起，高高舉過頭頂。

吉林人善於烹製魚餐，還總結出吃魚的經驗「冬吃頭、夏吃尾，開江魚味賊拉美」，並把「回籠覺、開江的魚，秋天的蛤蟆（蛤什螞）、老母雞」說成是「四大美味」。開江魚因為在水中一冬不進食，胃腸非常乾淨，魚肉鮮嫩可口。用江心水湖心水燉開江魚，味美異常。吃開江魚是一種很好的享受，吉林人可以用其做出上百道魚菜。

「老把頭」放山

人參，老百姓稱為「棒槌」，是貴重的滋補藥材，列「東北三寶」之首。採參，俗稱為放山。有經驗的放山頭人稱「老把頭」，由他組織人到深山老林中去採參。生長於吉林的古人很早就知道採集人參，《新唐書》就記載唐朝時本地曾向朝廷「土貢人參」，明朝女真人曾在遼東馬市上大量出售人參。

清朝以前，吉林附近尤其是舒蘭、樺甸等地出產人參。努爾哈赤滅烏拉國的原因之一，就是為了爭奪與明朝進行人參交易的權力。傳說努爾哈赤起家也與人參有關。他從明朝總兵李成梁處逃走後，隻身來到深山中，被一個八人參幫收留。這夥人進山多天沒有「開眼」（未採到參）。這天晚飯後大家悶坐，忽聽窩棚外有呼呼風聲，原來是一隻斑斕猛虎趴在門前。人們想起老放山人的話，說這時要扔帽子，誰的帽子讓老虎叼走，誰就得跟老虎去。結果老虎叼走

▲ 放山前祭拜山神

了努爾哈赤的帽子，努爾哈赤只好跟著老虎走了。老虎非但沒有傷他，還帶他找到了一大片參地。第二天，努爾哈赤領著八個人挖到了很多大參，賣了錢開始招兵買馬，後來打敗了明軍，這八個人就成了八旗的旗主。努爾哈赤還發明了用水煮鮮參、後來改為水蒸再曬乾長期保存人參的方法，使人參的加工儲存工藝向前邁了一大步。

努爾哈赤攻破烏拉城，令烏拉國王布占泰的兒子洪匡任「打牲烏拉貝勒」，任務之一就是採貢人參。天聰初年，皇太極向明朝提出的議和條件之一，是每年向明朝貢「人參千斤」。後金時期和清初，實行八旗分山採參制度，各旗有各自的參山。康熙初年以前，採參由打牲烏拉總管衙門經辦，僅准滿洲兵丁為皇室採備。後來，因採參人數日增，關內漢人大量流入吉林，才由吉林將軍兼辦。採參人在艱難的採參生涯中，形成了獨特的習俗，也創造了獨特的人參文化。

進山採參，要「拉桿」組織隊伍。上山時，人人要手持一根索撥棍，上山後要蓋山神廟搭倉子。採參時用什麼工具又如何挖、如何包裝等等，都有許多規矩和禁忌。如上山前要包餃子，有多少人包多少個，還要多包出兩個，天一個地一個。上山後要時時處處拜山神爺，山神或是老虎，或是採參鼻祖孫良，滿族人拜長白山山神。再如見到人參要馬上用紅繩拴上，並大喊「棒槌」或「快當」，挖完參後要在附近樹上留記號，互相說話除有禁忌還得說採參人自己能聽得懂的行話等等。

海東青與滿族獵鷹習俗

海東青是鷹的一種，也是羽族中最凶猛的。海東青以白羽白爪的最為名貴，有雜毛和灰色的為次。人們形容它的勇猛是羽族中的虎，但它卻怕燕子，一群燕子集體撲上去，就可以逼落它。海東青產於古吉林轄地寧古塔（寧安）以東，也就是五國城東邊黑龍江、烏蘇里江入海處，因產地而名海東青，清朝時為吉林烏拉向朝廷進貢的貢品之一。

捕鷹進貢從遼代就開始了，遼皇帝在春天開江前後舉辦「頭鵝宴」，宴請群臣和當地的土著頭領，這「頭鵝」就由海東青擊取。每年十月後，捕鷹的能手「鷹把式」就開始「拉鷹」，所說的拉就是用網捕，拉一個月就停止了。有名的「鷹把式」都是女真人，每年遼朝派使者去索貢，由於徵索無數，女真人厭煩其苦，遂造反叛遼，據說這就是遼金爭戰的原因之一，史載所謂的「海東青之戰」。

▲ 拉鷹前祭拜鷹神

▲ 鷹把式們

從清朝初時，吉林將軍和打牲烏拉總管衙門就有貢送海東青的任務，送去的鷹蓄養於皇宮中。雍正、乾隆時期宮廷畫家、意大利人郎世寧就畫了很多以「海東青」為主題的畫。

捕鷹叫拉鷹，是一件很艱苦的事。要準備好網，還要給鷹做布套，並用鴿子做誘餌。捕鷹人穿有特製的手套和鞋等，在秋天過鷹的山岡上設置隱蔽的窩棚，有時一等好幾天也捕不到一隻好鷹，而長成三年的「龍鷹」和二年的「破黃鷹」捕來也沒用。捕回的鷹還帶著野性，要「熬」，就是不讓鷹睡覺，人和鷹一起熬，直到鷹馴服了為止。「熬好」的鷹可以幫獵人獵獲野雞、野兔等。鷹使用了一冬天後，第二年春天還要把它再放回大自然，叫「放鷹」。拉鷹、放鷹都要舉行儀式，「鷹把式」要唱傳統的「神辭」，有時也請薩滿跳神。在滿族祭祀中，就有多處要請鷹神。

吉林市滿族聚居的一些村屯，至今仍保留著傳統的鷹獵習俗。烏拉街鎮的韓屯村、藍屯村等仍有許多鷹獵戶。自二○一○年開始，在吉林市龍潭區打漁樓村舉辦的獵鷹文化節，鷹把式們展示了捕鷹、熬鷹的過程，還有薩滿演示請鷹神等。鷹現在被列為國家保護動物，但為了保留這一傳統習俗，還特殊允許一些獵鷹家族的傳承人每年捕一定數量的鷹。

滿族漁獵與打牲烏拉貢品

滿族是漁獵民族，在長期的生產生活中，不僅向大自然獲取了生活資源，也創造了獨特的漁獵文化。

順治十四年（1657年）在吉林市龍潭區的烏拉街設打牲總管衙門以後，吉林將軍轄區和烏拉街就成為向朝廷進奉貢品的基地，這裡的兵丁、牲丁就成了採捕漁獵的勞力。打牲烏拉總管衙門負責漁獵的貢品有數百種乃至上千種，山珍野味、鄉土特產沒有不包括的。

松花江產的「三花」「五羅」「一島」（島子）及七十二種雜魚，還有鰉鰉魚、鱒魚、白魚、魚等，都在進貢範圍內。鰉魚要求一丈以上，後來採捕不到，就和白魚一樣，長度要求降到六尺以上。捕鰉魚除用網還可以用專釣鰉魚的「推勾」，捕後送到鰉魚圈中餵養，到冬天上凍後破冰撈出，澆水掛冰，用白布、蘆席、草囤包好，裝在桃木車上，走驛路一站站送到京城。捕魚也用大網，魚捕上岸後用火烤乾，運到打牲烏拉總管衙門的乾魚庫中，分春秋兩季，每個人挑五十條送到盛京（瀋陽）和京城，做皇家陵寢、祖先堂祭祀時的供品，每年定額約五千尾，只增不減。其他如鱒魚、白魚、鱸魚、雜魚等各有額數，有的還得加工成炸魚肉丁或裝壇。捕雜魚的方法和民間大同小異，用各種網、掛子和不同的釣具等。不管哪種捕法，春天開網前都要祭江神、河神，捕不足額時也要上岸由薩滿跳神祭祀，以求神祐。

吉林山高林密，飛禽走獸出沒其中，滿族人獵取野物的方式奇特而又多樣。到了清朝後期，獵人們打獵多用獵槍，帶著獵狗，人圍狗攆再用槍打。再就是下網、下套子，網上有機關（俗稱消息），懸於半空中，野獸碰到機關，網自動落下將其網住。獵人還根據野獸足跡而沿途下套子，如套兔子、野雞、狐狸等；在山中挖陷阱，窖野豬、黑瞎子（熊）等；下夾子獵虎狼，下「炸子」崩大型野獸，還有下滾楨、壓拍子等多種多樣捕打方法。冬天熊藏在山

洞、樹洞中「蹲倉子」，人們就用「砍倉子」、槍刺、煙熏等方法逼它出倉然後捕獲。捕鹿時，多用樺樹皮捲成的鹿哨，吹響後誘鹿前來將其捕殺。

　　無論是捕魚還是打獵，除了技藝傳承外，還產生了很多的故事，有各自的語言、禁忌習俗，古漁獵中還有非常平均的分配製度等，這是要全體漁獵者共同遵守的。

鰉魚圈

　　鰉魚圈，位於舒蘭市法特鎮。舊志記載：鰉魚圈圈外有堤，高近四米；南北長 150 米，東西寬 100 米，可蓄水 15000 立方米。魚圈形似月牙，通江之處，有木柵相隔，四周柳榆環繞。這樣的鰉魚圈沿松花江邊曾有多處，直通驛站，清朝時設有專署管理。

　　一百多年前，松花江出產一種鰉魚，體型奇特，體大肥壯，肉質細嫩，味道鮮美，最大的一千多公斤，是江湖中稀有的一種魚，是當時向清朝皇室進貢的物品之一。由於交通不便，路途遙遠，運輸工具簡單，所以在江裡打撈上來的鰉魚必須臨時貯養起來，就挖池積水貯存，待冰凍後從池中打撈出來，再掛冰送貢。後來人們把這個大水池子叫「鰉魚圈」，其名流傳至今，亦為地名。

▌夾皮溝採金與「韓邊外」

　　樺甸夾皮溝採金的歷史，可以追溯到漢唐時期，「唐、宋時代，吉林東南北各地金銀礦產已經採煉」。夾皮溝是吉林最早的金礦。

　　嘉慶十年（1805 年），曾在山東採過金的把頭孫繼高來東北挖參，發現了夾皮溝金礦，並開始在葦沙河、頭道溝、會全棧等處聚眾採金，被稱為「把頭始祖」。同治九年（1870 年）在樺甸建的善林寺中，正殿主祀的是關公，東側門供的就是孫繼高，後來由第三代金王「韓邊外」主持，又把孫繼高像和第二代金王「山金始祖」馬文良像分別供在關公左右。

▲ 韓登舉

　　以夾皮溝為中心的東西南北各四百里範圍內，有厚度達四十至五十米的沙金、脈金礦藏。清朝同治年間，就有金礦二十二處，脈金坑口七處，彙集關內外採金工人達四萬人，日產黃金五百兩。「韓邊外」本名韓憲宗，由於賭博欠債而離家出走來到夾皮溝，從採參開始，後來加入淘金，在與當地土匪和金霸的爭鬥中逐漸成為金礦的頭領，雄踞一方。在他統治的地盤上，建立了黃金王國。因為夾皮溝金礦所處的位置為清朝封禁所修築的「柳條邊」外，所以人們稱其為「韓邊外」。他組織了金礦武裝，設立「會房」，剿擊胡匪，抗擊俄國的侵略，修建豪華的宅院和最大廟宇「善林寺」，在人跡罕至的荒野建立起了人煙稠密、秩序井然的獨立王國，當地人只知有「韓邊外」，不知有大清朝。從一八五四年到一九三四年長達八十多年的時間裡，韓邊外家族統治了這一地區。

　　舊時金礦的生產是原始的。「砂金」（「砂」讀四聲，表示動作）的生產是

▲ 狗頭金

在沿河和溝岔中，人手一把鍬、一個柳條簸箕，將有金的砂石裝入簸箕，反覆淘洗，將金粒洗沉到簸箕縫中。多人「砂金」則採用古老的「溜盤法」，後來用「放大溜」的方法，大溜是一長二丈寬二尺的木槽，底上鋪細氈，金砂收集上來用火炒。脈金是金礦石，將挖刨出的礦石放在炕上烘乾後錘碎，或用碾子壓碎，淘洗後得金粉再用坩堝熔化。

礦上如果得了大的原始金礦石，俗稱「狗頭金」，要放鞭炮和搭寶戲台唱大戲、「唱蹦蹦」（二人轉）以示慶賀。據說，一次一個金工在山前刨礦時看見一個大塊礦石，狀如牛舌頭，一鎬下去將其刨斷了，交到櫃上被誣隱藏了另一半，正要用酷刑將其處死，忽聽山後放炮，原來那裡也挖出一塊大礦石，拿回來一對，和先前的正好是一塊，如一個大牛舌頭一樣。於是馬上在礦洞前搭起了大戲台，這就是「寶戲台」。夾皮溝地處松花江東面，俗稱江東，在這裡二人轉藝人演出不受限制。慈禧國喪禁演期間，北京戲劇界的名角也到這裡演出，遂使此地高手雲集，演藝大興，稍差一些的藝人都不敢到江東賣藝，客觀上對二人轉藝術發展起到了推動和繁榮的作用。

伐木與放排

　　從前，木材運輸全靠江河水道，松花江就成了一條以流放木材而聞名的水路交通要道。長白山盛產木材，原始森林中密不透風，幾十米的高大樹木遮天蔽日，採伐和從江上放排運輸下來，是個非常驚險而刺激的事兒。同時也養育了一個獨特的群體，他們被稱為「關東木幫」。

　　去長白山採伐木材，要由木幫「把頭」組織人，從沒有人跡的松花江江岸溯流步行進山，背著斧鋸、行李、口糧和鹽，得一個多月才能到達採伐地。進山後先拜山神，選一棵神樹，在樹下搭起三塊石頭就是山神廟，插上幾根草棍就當香。俗話說「自己搭廟自己拜」，指的就是這事。山神是老虎，後來又加入了採參祖師孫良。拜了山神才蓋人住的窩棚和木刻楞房。對山神爺及山神廟有很多忌諱，如不能在跟前說髒話、吐唾沫、便溺等，更不能坐在樹墩上，因為那是山神爺的府宅。

　　伐木是一件很危險的事，樹伐倒後人要及時躲避，否則會壓死在樹下。樹被伐倒後，搭掛在別的樹上要「摘掛」；坐在樹墩上不倒叫「坐殿」，更容易傷人。若在山上過年，「三十兒」那天每人都要選一棵樹，伐後留下最後兩鋸不將其鋸斷，初一起早再去伐倒，喊「順山倒」，樹若順當倒下，說明一年順利。這一聲聲的「順山倒」，迴響在山谷中，震得樹上的雪都能掉下來。伐樹後要向山下倒運，行話叫「放件子」。在開出的雪道上用牛爬犁拉，時常有「跑坡」「穿箭」的事發生，人和牛瞬間能被壓成肉餅。下到山底下楞場中要將木材摞在一起，俗稱「歸楞」。幾尺粗十多米長的松木，十多個人用「小槓」「抓鉤」抬起「上楞」，步調不齊或有一人倒下，其他人都會受傷。於是「頭槓」要喊「森林號子」：「直起腰哇——慢慢走哇——」其他人則「嗨喲、嗨喲」地隨呼。為保持步調一致，八個人抬不好找平衡，就減至六個人抬，六個人抬再不好找平衡就四個人抬。

春天江水解凍後，由放排人在江邊將木材「編排」。編排是個技術活，編不好放排時會散垛。由長白山南坡順鴨綠江放排將木材運到丹東，北坡由松花江運到吉林市的東大灘。編排好後由放排人沿江放下，一排數十垛，頭排上坐著「頭棹」掌排人。木排上蓋有小屋，供放排人吃住。木排浩浩蕩蕩，順江而下；放排人大聲呼喊，野調激唱；兩岸虎嘯狼嚎，空中鷹飛雲飄，那場景原始而又壯觀。從長白山下來，有數十上百的險灘、哨口，從兩江口到平頂山下今天白山大壩一段的老惡河更是險惡無比，有四十九個險要處所。號稱「能淹死水老鴰，也淹不死謝老鴰」的大棹謝洪德，在放排人眼中被尊為老大，多險的灘哨都敢過，多難拆的垛都敢挑，架木排穿到水底都不怕。一次，他放的木排在金坎石旁被沖垮，他也因擠壓而死在江中。後人為紀念他，在江邊修了「四海龍王廟」，內供其像。木材從松花江放排到吉林市老江橋一帶的東大灘，在那裡集散。江上常年有一串串木排蓋滿江面，江邊一堆堆木垛狀若小山。歸楞的、拉大鋸的、招攬生意的人們穿梭往來，熱鬧無比。

古往今來，船廠這一帶流傳著木幫中無數的傳說故事，有美麗的，也有淒苦的。

▲ 放排

北山廟會勝千山

吉林北山的廟會，清朝時就聞名於東北，遠近的人們逛廟會之風相沿百年。遼寧的千山廟會號稱甲於東北，而當時還有一句俗語：「千山廟會甲東北，北山廟會勝千山。」

清康熙二十一年（1682年），康熙皇帝東巡至吉林這塊「龍興之地」，有術士說北山地藏九龍（北山原名九龍山）、臥一虎（有臥虎溝），將來要出帝王。康熙為了破壞風水，命寧古塔將軍將北山鑿去峰頭。康熙四十年（1701年）在東山頭由寬真和尚修建了關帝廟。滿族最早信奉關公，稱其為「關瑪法」（關老爺），以後又陸續修建了玉皇閣、大雄殿、老郎殿、祖師廟、藥王廟、坎離宮、三菩薩殿、胡仙堂、鐘鼓樓等，形成了宏大的廟宇群。在天王殿進入後院的石階正中牌坊上，懸掛時任（道光三年）吉林將軍松筠所書「天下第一江山」的牌匾。廟宇中到處有帝王和名人題寫的匾額、碑刻、楹聯，僅關帝廟中就有清朝從康熙到同治各皇帝的御筆，嘉慶年間有吏部尚書鐵保書的「澤被松江」「文武聖神」匾，晚清有「吉林三傑」成多祿、宋小濂、徐鼐霖等人的墨跡。

北山古廟群最大的特點是儒、釋、道、薩滿、俗神各路神祇集於一山。如祖師廟中，正中供有釋迦牟尼（佛）、老子（道）、

▲ 北山廟會舊景

孔子（儒），兩側還有三家的大弟子及各行業的祖師爺等。其他如老郎殿供梨園祖師唐明皇、財神趙公明和文曲星，觀音堂供觀音，胡仙堂供胡仙，藥王廟供三皇並藥王孫思邈等。除此北山還有「柳蔭盪舟」「堂前賞雪」等老八景景點，二十世紀九〇年代又評議出「詩碑夕照」「廉泉讓水」等新八景。人們為求健康而拜藥王、因少子而拜娘娘、因求財而拜財神，妓女和戲行拜老郎等，胡仙堂掛「有求必應」牌匾。還有一個牆旮旯神叫「施不全」，百病皆治，鬧眼病的送其眼鏡、腿腳有毛病的送其枴杖、患哮喘的送其鹹菜疙瘩等等，似乎天下病災之事他都管。就連文人雅士也相聚在「泛雪堂」，以吟詩、賞雪、吃清蒸白魚為趣。

北山廟會從四月初八佛誕日開始，包括四月十八的娘娘廟會，四月二十八的藥王廟會，五月十二的關老爺磨刀日，五月十三關公單刀赴會和六月二十四的關公誕辰等。由於供的神多，北山廟會一年四季香火不斷，連三月初三還有「大神會」，屆時算命的、跳神的舉辦酬神大會。廟會期間，市內及附近鄉鎮乃至外省人坐車步行前來，通火車後，火車得臨時加趟次。一時山上山下遊人熙熙攘攘，各殿香菸繚繞，山下搭棚圍鋪，打把式賣藝的，說相聲大鼓書的，拉洋片、賣油條、賣火燒、賣大餅的……棚挨棚、鋪連鋪，那情景不亞於《清明上河圖》。廟會中還出售三大著名特產「紙葫蘆、文明棍、扳不倒兒」，還有核桃、杏核等各種果核刻件，以及「卜卜登」、布老虎等兒童玩具。

如今北山廟會已經成為吉林市旅遊業的一個重要品牌，盛況空前，內容更加豐富，而且揉進眾多時代元素，如朝鮮族民俗藝術節、滿族薩滿歌舞展示等等。《中國廟會大觀》一書將北山廟會列在第一位。

▲ 今日北山廟會

▌載入吉尼斯世界紀錄的松花江河燈

　　吉林人在松花江上燃放河燈，有著悠久的歷史。清康熙年間一些南方來的水手船工死在船廠，為了祭奠並超度漂流在外的亡靈回鄉和轉世，同時為了祭祀祖先神靈，人們製作河燈放入江中，燈便順流漂向遠方。後來相沿成習，每年的七月十五「中元節」這天（俗稱鬼節，佛教稱盂蘭盆會），人們都要在江上燃放河燈。

　　這一儀式開始由和尚道士募捐籌辦，從船廠的頭道碼頭靠西原水師營附近投放。最初的河燈是由蕎麥和糠皮合在一起做成的。糠麥麩比較輕，可以浮在水面上，經過蒸製成平底淺沿小瓢樣的油燈碗，放燈時碗內盛上酥子油，用棉花或棉線捻成燈芯，點燃後放入江中。秋月高懸，江柳婆娑，水光粼粼，水師

▲ 放河燈

營的大船及倉樓上龍旗獵獵、披彩掛幡、燈籠高懸、笙簫陣陣、木魚聲聲、佛音繚繞，士卒船丁從大船下到（小船）上，虔誠地捧起一盞盞五顏六色的河燈，輕放於水中，合掌默禱，讓順流而下的河燈帶去對亡靈的追祭。後來水師營撤銷，人們將兩隻大「掛拉船」並起，在上面搭起五綵樓閣，改由各商會和外地會館負責辦理放河燈之事。

「年年放河燈，年年有不同。」放河燈從最初的祭祀亡靈、告慰祖先，逐漸豐富了內容，演變成一種娛樂形式。屆時夜幕降臨，鄉鎮村屯的人們從鄉下趕來與市人蜂擁而去江沿。但見岸上人頭攢動，江中百舸爭流。由於有了更大的觀賞性，河燈的製作技藝也在不斷改進。人們不再用蕎麥糠皮，而是用雙紅紙和五彩紙，疊糊製成船形和蓮花形燈，紙船的底部還要刷油打蠟，以防滲水。因佛教相信人坐在蓮花台上可以升天，蓮花又稱荷花，「荷」又與「河」同音，自然就稱為河燈了。河燈的燃料也不再用油，而改為又粗又短的特製蠟燭。萬盞河燈從頭道碼頭入水，順流漂到老東萊門，直到下游十多里外的九站附近才熄滅。

吉林人放河燈的習俗一直流傳到現在。為使這一傳統活動賦予新的文化內涵，讓傳統融入現代人的生活，吉林市於二〇一一年七月舉辦了「中國・吉林市首屆松花江河燈文化節」。河燈節規模宏大，從臨江門大橋到吉林大橋 2600 米長、500 米寬的江面上，設置二十五組巨型綵燈。其中，「北山攬勝」燈組以世界上「最高的綵燈」成功創下吉尼斯世界紀錄。此後，吉林市又相繼舉辦兩屆「松花江河燈文化節」。二〇一二年，在臨江遊園至江灣大橋近 6000 平方米的江面上設置 136 個巨型燈組，並以十分鐘內施放河燈數量最多再添一項吉尼斯世界紀錄。二〇一三年，設置水上綵燈二十五組，陸地點綴綵燈十組，以十分鐘內施放 14630 盞河燈的成績，刷新了上屆創造的吉尼斯世界紀錄，將河燈文化推向高潮。

吉林人發明的冰燈

　　吉林市早在三百多年前就有了冰燈。據史料記載,最早的冰燈是漁民夜間捕魚所用。人們把水放在樺樹皮桶中冰凍,當外層凝成了冰、裡面還沒凍實時,將桶剝去或燒掉,把冰中沒凍實的水倒掉,就形成一個窩,在裡面點上蠟,就成了最早的冰燈。成書於光緒年間的《吉林通志》,就有吉林人在元宵節「燃冰燈」的記載。宣統末年(1910年),在吉林牛馬行「菜樓」,一個劉姓菜床子攤主,在過年時將儲於地窖的大冰塊鑿成燈籠形,裡面點上蠟燭,除夕夜在大門兩旁一邊放一個,既神奇又亮麗,引起了市人圍觀,於是家家仿製。

　　豐滿大壩沒修建前,冬天松花江都結有一兩米厚的冰層。造冰燈時,可以直接從江上取冰。那時水質沒有污染,冰塊晶瑩剔透,冰質堅硬,十分有利於

▼ 吉林冰燈

冰燈製作。而且天氣寒冷，大部分冰燈造型能保存到驚蟄以後。

　　始造冰燈，用木匠工具，如鏟子、鉋子、斧子、鑿子、鋸等，並由木匠來造。以後逐漸發明了大鏟子等工具，並有了專門的手藝人，再加上吉林文人的參與，冰燈的造型越來越美觀，越來越富有詩意。冰燈題材多選仙佛、美人、獅象、樓台、花樹、人物故事等。

　　過去的冰燈展出，官府提倡，商戶、富家響應，於春節開始，到正月十五元宵節燈會達到高潮，直到「九九」以後冰開始溶化為止。一九三五年，在大東門外天齊廟前展示的有大型人物冰燈「老壽星」「牛郎織女」「王祥臥魚」；在西大街展出了一出出傳統戲劇模型。街道、胡同各大商戶也積極參與，再伴以家家戶戶掛的紙燈、玻璃燈、轉燈等，一時古城中燈火通明、絢麗多彩。一九六五年在江南公園舉辦了一次大型冰燈展，轟動了全國。一九八八年，吉林市第一屆冰燈遊園會開幕。一九九〇年春節期間，中央電視台《神州風采》節目播放了吉林市冰燈遊園會盛況。一九九一年首屆「中國・吉林霧淞冰雪節」期間，冰燈遊園會設立十二個景區，近三百件作品，用冰量達一〇〇〇〇多立方米，其技藝之精湛，構思之巧妙，題材之廣泛，造型之奇特，體積之龐大，達到了鬼斧神工、出神入化的境界。

　　二〇〇八年，吉林市再次舉辦冰燈遊園會。這是繼一九九五之後，闊別十三年的冰燈遊園會再度開園。共設「走進吉林」「瑞雪迎春」「異國風情」「童心飛揚」「人體藝術」「旋轉飛車」六個主題園區，總計製作冰雕及冰建築六百餘座。這在吉林市冰燈的發展史上尚屬首次。

滿族遊戲「嘎拉哈」

　　滿族的傳統遊戲很多，有冰戲、滑雪、打雪仗，有「踢熊頭」（踢足球）、搬棍兒、射柳、騎馬蹬戰等。而婦女兒童最喜愛的是「歘嘎拉哈」。這種遊戲大約從金朝就開始了。傳說「女神媽媽」為了讓小時候的金國皇帝完顏阿骨打增長本領，就激勵他打野獸並把攢下的嘎拉哈交給她。完顏阿骨打用積攢的嘎拉哈數量證明了他的本領。而滿族也把誰家嘎拉哈多，視為捕獵能手而予以尊重。

　　嘎拉哈是滿語「嘎粗哈」的音轉，是用鹿、狍子、豬、羊的後腿髕骨（俗稱背式骨）做的。清朝時打牲烏拉還有一定的進貢數額。舊時滿族每個家庭都有幾十個、上百個嘎拉哈，供姑娘媳婦玩耍。玩的年代久了，嘎拉哈變成油紅色。一個嘎拉哈有四個面，吉林人分別叫坑兒（凹面）、背兒（凸面）、輪兒

▲ 歘嘎拉哈

（耳朵形）、珍兒（輪兒的對面）。還有的在四個面上染上紅、黃、藍、綠四種顏色，十分鮮豔。在玩法上主要有潑、彈、欻三種，再加上一個布口袋，能演變出數十種乃至上百種，每一種玩法都能鍛鍊人的機敏靈活、考驗人的手疾眼快。

清代流行的玩法是彈嘎拉哈，捧擲後將珍兒揀出，依次彈相同形狀的，如背兒就去彈背兒等，彈中的歸自己。將對方彈出了「珍兒」，叫「珍拐兒」，贏進一個。如兩個都成了「珍兒」，拐來兩個。其中有一些規矩，犯規就輪下家彈。民國期間用「撂珍兒」的玩法，或用「撂珍兒」和彈相結合的玩法。除了「彈珍兒」，還有「抓對兒」「擲珍兒」「搶爆子」「大把抓子」「趕羊」等多種玩法。一直到現在，還在這麼玩。

伴隨著「欻嘎拉哈」，還要唱歌謠。姑娘媳婦們一邊唱一邊耍，如唱：「嘎拉哈，嘩啦啦，格格（滿語「姑娘」）們耍得笑嘎嘎。錢碼頭，銅鐵穿，稀里嘩啦上下翻。你一把，我一把，炕頭耍起嘎拉哈。嘎拉哈，真好看，一耍耍到二月二。二月二，龍抬頭，對著鏡子梳京頭。梳京頭，穿旗袍，一群『哈哈』（滿語「男孩」）趕來瞧。」

滿族的籃球——珍珠球

　　滿族人中流行一種珍珠球運動，和現代的籃球運動很相似，也設球網，分隊以球投網記分決勝負。如今，這項體育運動已列為我國少數民族十項體育競賽當中。

　　珍珠球是由滿族的民間遊戲「尼赫楚」演變過來的。「尼赫楚」為滿語採珍珠的意思，所以也稱其為「採珍珠」。採珍珠是滿族先民捕撈河蚌取珠的一種漁獵生產。清代，松花江、牡丹江、烏蘇里江流域盛產珍珠，人們稱之為東珠。

　　東珠質地優良，晶瑩剔透，據說慈禧太后頭上的四顆珍珠即是東珠，價值連城。東珠不但是婦女的裝飾品，而且可入藥，有定驚、安神、清熱的功能，因此滿族人視其為寶。清朝將東珠列為貢品，除打牲烏拉牲丁專門採捕進貢，平時不准人們採捕，但是滿族的先人女真人有採珠的習俗。

　　每到春季，女真人青年男女就結隊成伙到江河、湖泊中去撈蚌採珠。男的

▲ 珍珠球比賽

撈，女的負責砸蚌取珠。撈蚌者為了少走路，就將撈到的蚌向婦女投去，婦女則用撈魚的網兜相接。後來這種投蚌網接的漁獵習俗演變成男女青年的遊戲，就取名為「尼赫楚」（採珍珠），這就是珠珍球起源的傳說。

現在的珍珠球比賽規則，是二十世紀八〇年代經過體育專家在原基礎上制定的，既保留了原來滿族採珍珠的生活特色，又具有可競賽的科學性。比賽場地為長二十八米、寬十五米的長方形，中間大部分為假設水域區，象徵採蚌區。球場兩端各站著一個手持抄網的運動員，投來的球可用抄網接，如果接著，便得一分。在持抄網者前，還站著一個持蚌殼形擋板的運動員，可以用「蚌殼」攔球，不讓其投入，彼運動員象徵守護珍珠的精靈。珍珠球是特製的橡膠皮球（或用足球代替），球的周長規定為五十五釐米，比足球略小。競賽規則基本與籃球相似。

觀看珍珠球比賽，既有觀看籃球比賽的感覺，又可體驗滿族的漁獵生活，實在是一舉兩得的快事。

▌神祕的薩滿與薩滿歌舞

　　吉林地區滿族、滿族漢軍旗多信奉薩滿教，其神職人員稱為薩滿。薩滿係滿語，漢譯為巫人、狂舞之人。大薩滿可使神靈附身，上通天、下達地、中通人間，是天、地、神、人之間溝通的使者，能歌善舞神通廣大。薩滿早期由家族傳承，也有氏族中推選的，或由上任薩滿經多年考察後在祭祀儀式中現場推薦的。

　　吉林烏拉街滿族漢軍旗薩滿稱領壇師父，現在弓通村有漢軍八壇王學派掌壇人張榮波，韓屯有關建華等大薩滿。滿族和滿族漢軍旗舉辦祭祀活動，如燒香祭祖續家譜，還願、慶豐收燒太平香等，大多要舉辦三天，有多道程序，由薩滿主持，並以歌舞伴之。薩滿歌舞時要穿神服、神裙，戴神帽，這些服飾多由薩滿自己製作。神帽上飾以銅鐵片製的神鷹，或飾以鹿角，角的叉數越多，

▲　滿族腰鈴舞

表明薩滿級別越高。神帽前面飾以神珠簾遮面，帽圈上飾以多面神鏡；多彩神服肩上飾以左日右月，並在身前身後佩有多面銅鏡；神裙上要紮腰鈴，佩有梯形紋或日月星紋的飄帶和各種材質製作的神偶。

薩滿歌舞時要用各種神器，有神鼓、神刀、拍板，有的還配以琵琶、晃鈴、神鈴等輔助樂器。主要神器是神鼓，滿族用的叫抓鼓，圓形，柳木框，背面綴有銅錢。漢軍旗用的叫單鼓，也稱太平鼓，橢圓形，邊框為鐵條製，把上綴有鐵環，歌舞時用鼓鞭打鼓。有單人、多人互相穿插歌舞，鼓聲、銅錢聲、鐵環聲、腰鈴聲混合在一起，嘭嘭、咣咣、嚓嚓……如萬馬奔騰、如神哭鬼泣、如雷聲滾動、如風雨交加、如珠落金盤、如竊竊私語……鼓技純熟者，可將鼓舞出各種花樣，讓鼓在手掌上、雙指上、單指上做各種旋轉動作；擊鼓時，可在頭頂、背後、胯下、腰肩上做各種翻飛雜技式表演。舞動時手敲神鼓，晃動腰身，腰上神鈴嘩嘩作響。個別薩滿在手脖、腳脖纏上神鈴串，在轟轟的鼓聲和腰鈴的清脆聲中夾雜著細小的鈴聲，如長白山風掠過松濤，如松花江武開江的浪湧。舞者神裙、飄帶隨身飛揚，腳步急挪，鏡光飛照，神情如醉如痴。歌詞中有對各路神靈的尊崇，有對祖先創業之艱辛、功德戰績的懷念，如訴如泣，句句虔誠。在神靈附體時，薩滿做出各種高難動作。虎神來了，四爪張開，做勇猛下山狀；鷹神來時，威展雙翅，從空而降，做飛舞盤旋狀；蛇神來時，立桿攀爬，甚至可以直身躺於幔帳桿上，再扭動身軀，緩緩而下；野豬神來了，薩滿從兩腮瞬間刺入鋼針，或從嘴角兩邊吐出鐵骨釘牙，做豬嘴獠牙狀，再將鋼針拔出，腮上無痕無血；鬼神來時，戴著各種面具，張牙舞爪，狂聲亂語。

將神送走、把鬼驅跑後，一切恢復寧靜。人們在驚詫之餘，眼前猶有舞者神姿婆娑，耳畔留有歌者餘音繚繞。

吉林朝鮮族風俗

　　吉林地區亦是朝鮮族的聚集地之一。在長期與漢族、滿族、回族等民族的共同生活中，朝鮮族仍然保留了其獨特的風俗習慣，尤其是在鄉村。

　　服裝。朝鮮族喜穿白色衣服。男人穿的有襖、坎肩、長袍、褲子。襖，朝鮮語叫「則羔裡」，斜領、左衽、寬袖，前面釘有兩條飄帶；坎肩，朝鮮語稱「麻古子」，似襖但無領無袖，對襟，用一個大琥珀扣住；褲子為白色、灰色或青色，腰腿及襠部肥大，褲腳紮腿帶；長袍似襖而長，下垂至膝。女裝有裙、襖、袍、褲，襖小裙長。襖比男式的更短，圓領，多為白色或粉色；裙有拖裙（纏裙）、筒裙幾種，裙襬很寬，一邊開衩。裙子有多種顏色，和襖相配後，十分鮮豔。女人包頭巾，男人則戴呢氈禮帽或紗編禮帽。過去鞋是膠鞋、

▲ 朝鮮族舞蹈

蒲草鞋等，還有一種男女都可以穿的「瓢鞋」，膠皮製，晴天雨天都能穿，又不分左右腳，十分方便。

飲食。朝鮮族主食為大米飯，用特殊的朝鮮族鍋燜製。喜慶或節日時，要吃打糕、發糕、蒸餅、鬆餅等。夏天吃冷麵，用麵粉、蕎麥麵、澱粉和好壓製成條，配以泡菜、特製的冷麵湯，清涼爽口。朝鮮族喜食湯菜，如狗肉湯、牛肉湯、明太魚湯、泥鰍魚湯、海帶湯以及各種山野菜湯等，有時把糕切成片，下在湯裡，叫糕片湯。朝鮮族喜食大醬和辣醬，常把各種蔬菜如蘿蔔、白菜、豆腐等做成醬湯。平常佐食的是各種泡菜，不只是醃辣白菜，蘿蔔、櫻菜、黃豆芽、山胡蘿蔔等，以及各種山野菜都可以拿來做泡菜，先是用鹽水浸，再拌以作料使之發酵，口味酸、甜、辣，十分脆爽。

▲ 朝鮮族民俗文化節

居室。朝鮮族民居過去瓦房少、草房多，現在基本都是磚瓦房。蓋草房不挖地基，把地面夯實後就放柱腳石，上面立房架子。房蓋是「兩坡水」或「四坡水」的，房頂苫稻草簾子，一兩年苫一次，房蓋邊簷尤其是四面坡的被房草蓋著不露房體。房子多為三大間六小間，廚房在中間，東側是牛舍，他們認為牛是耕田的主要勞力，怕它凍壞了，就和人一樣住在屋內。廚房內灶台、鍋、壇、罐擦得鋥亮，寢室也十分潔淨。過去炕上擺設各種木衣櫃，現在是玻璃櫃。炕在居室中占有絕大部分或全部（叫地炕），利於取暖，所說的「炕大地小」指的就是這種情況。再有「門大窗戶小」，則說房屋的門很大。草房的內外牆塗以白泥或石灰，院子裡種著青菜，房簷下襬著罈罈罐罐，顯得幽雅而潔淨。

交通。朝鮮族傳統運輸工具為牛車和爬犁。「車小輪子大」是朝鮮族牛車的特點，車輪較漢族的大鐵車輪大很多，車棚窄小。車轅木前端有一弧形木，架在牛脖子上，趕車的人不用鞭子，只用一根小樹棍抽打牛屁股。冬天拾柴、拉稻草也用爬犁。平時運輸小件東西，大多用背夾子，兩個丫杈木連成一個架子，裡面鋪上條簾，一個人背起來就可以走，停下時用木杈棍一支，就立在地上了，自己裝卸自己背，很是方便。

朝鮮族是勤勞智慧的民族，在長期的生產生活中，創造了獨特的民族文化，並一代代地傳承下來。二〇〇二年，由市民委、市文化局等單位牽頭，舉辦了吉林市第一屆朝鮮族民俗文化節，並連年持續辦到今天，以傳承、展示、發展朝鮮族優秀傳統文化，進行各兄弟民族之間文化交流。在各屆文化節活動中，曾舉辦歌詠比賽，中老年舞蹈、合唱比賽，歌手大賽，鞦韆、跳板、排球比賽，美術、攝影、繪畫展覽，傳統美食展示，有的年份還邀請外地和韓國的藝術團體前來演出。朝鮮族民俗文化節的舉辦，提升了吉林市的知名度，給吉林市這座歷史文化名城增添了亮麗的色彩。

吉林文庫　A0703A02

文化吉林：吉林市卷

主　　編　莊　嚴
版權策畫　李　鋒
責任編輯　林以邠

發 行 人　陳滿銘
總 經 理　梁錦興
總 編 輯　陳滿銘
副總編輯　張晏瑞
編 輯 所　萬卷樓圖書股份有限公司
排　　版　菩薩蠻數位文化有限公司
印　　刷　維中科技有限公司
封面設計　菩薩蠻數位文化有限公司

出　　版　昌明文化有限公司
桃園市龜山區中原街 32 號
電話　(02)23216565
發　　行　萬卷樓圖書股份有限公司
臺北市羅斯福路二段 41 號 6 樓之 3
電話　(02)23216565
傳真　(02)23218698
電郵　SERVICE@WANJUAN.COM.TW
大陸經銷　廈門外圖臺灣書店有限公司
　　　　　電郵　JKB188@188.COM

ISBN 978-986-496-239-6
2018 年 1 月初版
定價：新臺幣 400 元

如何購買本書：
1. 轉帳購書，請透過以下帳戶
　　合作金庫銀行　古亭分行
　　戶名：萬卷樓圖書股份有限公司
　　帳號：0877717092596
2. 網路購書，請透過萬卷樓網站
　　網址　WWW.WANJUAN.COM.TW
大量購書，請直接聯繫我們，將有專人為您
服務。客服：(02)23216565　分機 610

如有缺頁、破損或裝訂錯誤，請寄回更換

國家圖書館出版品預行編目資料

文化吉林. 吉林市卷 / 莊嚴主編. -- 初版. --
桃園市：昌明文化出版；臺北市：萬卷樓
發行, 2018.01
　　冊；　　公分
ISBN 978-986-496-239-6(平裝). --
1.文化史　2.人文地理　3.吉林省
674.2408　　　　　　　　　107002019